本书出版受西华大学四川省重点马克思主义学院"学术成果领航工程"资助

2022 年度国家社会科学基金一般项目《基于"嵌入"理论的饭圈文化治理路径研究》（22B X W047）和四川学术成果分析与应用研究中心、四川高校校报研究会联合资助项目"高校新闻舆论引导力研究"（GXXB-2022001）的阶段性研究成果。

新时代高校网络思想政治教育话语体系探索与实践

山述兰　著

新华出版社

图书在版编目（CIP）数据

新时代高校网络思想政治教育话语体系探索与实践 /
山述兰著 . -- 北京：新华出版社，2024.1

ISBN 978-7-5166-7276-1

Ⅰ . ①新… Ⅱ . ①山… Ⅲ . ①互联网络 – 应用 – 高等
学校 – 思想政治教育 – 研究 – 中国 Ⅳ . ① G641–39

中国国家版本馆 CIP 数据核字 (2023) 第 253737 号

新时代高校网络思想政治教育话语体系探索与实践

作　　者：山述兰

责任编辑：王依然　　　　　　　　　　封面设计：优盛文化

出版发行：新华出版社
地　　址：北京石景山区京原路 8 号　　邮　　编：100040
网　　址：http://www.xinhuapub.com
经　　销：新华书店、新华出版社天猫旗舰店、京东旗舰店及各大网店
购书热线：010-63077122　　　　　　中国新闻书店购书热线：010-63072012

照　　排：优盛文化
印　　刷：河北万卷印刷有限公司

成品尺寸：170mm×240mm
印　　张：14.5　　　　　　　　　　字　　数：210 千字
版　　次：2024 年 1 月第一版　　　　印　　次：2024 年 1 月第一次印刷

书　　号：ISBN 978-7-5166-7276-1
定　　价：88.00 元

前言 | PREFACE

　　党的二十大报告强调："建设具有强大凝聚力和引领力的社会主义意识形态。"[①] 随着互联网技术的飞速发展和教育的数字化转型，网络应用层出不穷，网络空间中"众声喧哗"，只有建立具有引领力、感染力、说服力的网络思想政治教育话语体系，才能牢牢把握意识形态工作的主动权。

　　"话语"（discourse）一词来自拉丁语，大致的意思是指对事物演绎、推理、叙述的过程。中文"话语"二字均由"言"字作为偏旁，甲骨文"言"字由"舌"字和顶部一横组成，表示人张口讲话之意，"话语"与人的说明、沟通、讲述、阐释、表达等说话行为相关。"话"字意为"说"，用"话"表达思想和情感。《辞海》对"话语"的解释为："运用中的语言，其结构单位相当于句子或大于句子的言语作品。"[②]"话语"不仅包括说话这一行为，还包括"说"的内容（语音或文本）。

　　正如海德格尔所说："唯语言才使人能够成为那样一个作为人而存在的生命体……无论如何，语言是最切近于人之本质的。"[③] 人创造语言又依赖于语言而存在，人类历史本身也是一部人类语言的发展史。马克思指出："思想、观念、意识的生产最初是直接与人们的物质活动，与人们的物质交往，与现实生活的语言交织在一起的。"[④] 自从有了人类，世

---

①　习近平.高举中国特色社会主义伟大旗帜为全面建设社会主义现代化国家而团结奋斗：在中国共产党第二十次全国代表大会上的报告 [M]. 北京：人民出版社，2022：43.

②　夏征农.辞海 [M].上海：上海辞书出版社，1999：1125.

③　海德格尔.在通向语言的途中 [M].孙周兴，译.北京：商务印书馆，2003：1.

④　中共中央马克思恩格斯列宁斯大林著作编译局.马克思恩格斯选集：第 1 卷 [M].北京：人民出版社，2012：151.

界就开始从自在世界转变为被人所建构、与人互相关涉的世界。话语是思想的表达形式，人通过主客体之间的互动，将价值观念、文化思想融入符码系统，有意识地进行建构，无数组话语群的交织联系构成了话语体系，其实质是为了掌握话语权。话语体系是对话语的抽象与概括，是系统化、理论化的话语群。

习近平指出："话语的背后是思想、是'道'。"① 话语体系不仅是一种言语表达方式，更是一种思想观念、价值取向的表达，具有鲜明的时代性和意识形态属性。没有话语体系，话语权无从谈起。通过话语体系表达的观点、道理被客体吸纳和接受后，带来思想认识、价值观念的改变，思想政治教育的目的才可能实现。因此，对新时代高校网络思想政治教育话语体系建构进行研究具有重要的理论价值和现实意义。

在培养时代新人的过程中，新时代高校网络思想政治教育话语体系的建构必须与时代接轨、与实践融合，需要明确"为什么说、说什么、在哪里说、怎么说"。本书立足高校网络思政实践，围绕落实立德树人根本任务、培育担当民族复兴大任的时代新人，针对当前高校思想政治教育面临的数字语境与多维生态，运用话语研究的理论资源，借鉴新闻学、传播学、符号学、叙事学、语言学等多学科理论与研究范式，系统梳理高校网络思想政治教育的理论逻辑、演变历程、实践经验，坚持目标牵引和问题导向，从话语关系、话语生态、话语引导、话语平台等多个维度，结合话语策略、话语传播、话语效果，研究如何构成具有引领力、感染力、说服力的话语体系，真正掌控话语权、提升引领力，增强思想政治教育实效性。

---

① 中共中央文献研究室. 习近平关于社会主义文化建设论述摘编 [M]. 北京：中央文献出版社，2017：213.

目录│CONTENTS

第一章　高校网络思想政治教育话语体系建构的理论逻辑与现实历程

高校网络思想政治教育话语作为一个复杂的话语系统，其话语体系建构有其理论逻辑及实践基础。探究高校网络思想政治教育话语体系的生成和演进逻辑，关键是要把握好理论依据和实践导向。高校网络思想政治教育话语继承了马克思主义语言观，依托话语研究的理论资源，借鉴语言学、传播学等学科理论与范式，探究高校网络思想政治教育话语的理论灵魂、文化根源和实践取向，是深入思考高校网络思想政治教育话语体系建构因何而成、廓清其生成与演进路径的主要着力点。

第一节　"话语"研究的理论资源

一、马克思主义语言观

尽管马克思没有专门开展语言研究，但关于语言的观点散见在其不同时期的著作中，《1844年经济学哲学手稿》《德意志意识形态》等著作中对语言的本质、属性、特征等有着深刻的阐述。马克思恩格斯曾在《德意志意识形态》中明确指出："'精神'从一开始就很倒霉，受到物质的'纠缠'，物质在这里表现为振动着的空气层、声音，简单之，即语言。语言和意识具有同样长久的历史；语言是一种实践的、既为别人存在因而也为我自身而存在的、现实的意识。语言也和意识一样，只是由于需要，由于和他人交往的迫切需要才产生的。"[①]

马克思和恩格斯对语言的本质、语言的结构、语言的演变、语言与社会、语言与方言、语言与文化、语言与民族和宗教、语言的文风和风格等方面都有精辟的论述。关于语言的本质，"语言是思想的直接现

---

① 中共中央马克思恩格斯列宁斯大林著作编译局.马克思恩格斯文集：第1卷[M].北京：人民出版社，2009：533.

实"① 是马克思关于思维与语言关系的著名论断，马克思语言观是建立在唯物主义前提下，强调语言的物质性，把语言看作是精神和社会现象的物质存在。马克思、恩格斯认为语言是一种实践的现实的意识的学说，凡是用语言表现出来的各种精神生产，都不过是人们物质关系的产物。关于语言的产生，在马克思恩格斯看来，语言不是主观想象的产物，而是取决于"人们的物质生活"，语言的起源和生成基础不是人的激情，而是与"人们的物质活动"直接关联。马克思认为，语言是伴随劳动产生的，语言是社会的产物，会随着社会的发展而发展，"物质生活的生产方式制约着整个社会生活、政治生活和精神生活的过程"②。语言作为精神生活的表达形式，受到"物质生活的生产方式"的规制。语言的发展需要相互交流，若人跟社会隔离，不可能有语言的发展。"通过生产而发展和改造着自身，造成新的力量和新的观念，造成新的交往方式，新的需要和新的语言。"③ 关于语言与意识的关系，马克思认为："语言和意识具有同样长久的历史；语言是一种实践的、既为别人存在因而也为我自身而存在的、现实的意识。语言也和意识一样，只是由于需要，由于和他人交往的迫切需要才产生的。"④ 关于语言的功能，马克思认为："我们彼此进行交谈时所用的唯一可以了解的语言，是我们的彼此发生关系的

---

① 中共中央马克思恩格斯列宁斯大林著作编译局 . 马克思恩格斯全集：第 3 卷 [M]. 北京：人民出版社，1960：525.

② 中共中央马克思恩格斯列宁斯大林著作编译局 . 马克思恩格斯选集：第 2 卷 [M]. 北京：人民出版社 2012：8.

③ 中共中央马克思恩格斯列宁斯大林著作编译局 . 马克思恩格斯文集：第 8 卷 [M]. 北京：人民出版社 2009：145.

④ 中共中央马克思恩格斯列宁斯大林著作编译局 . 马克思恩格斯文集：第 1 卷 [M]. 北京：人民出版社 2009：533.

物品。"① 马克思认为："语言是人们的社会产物。"②

关于语言的公共性与阶级性，在马克思恩格斯看来，语言的产生取决于"每一历史时代的经济生产以及必然由此产生的社会结构"③。原始社会时期，语言对人们而言是集体共同的语言，语言作为社会交际的工具，它为一切社会成员服务，而不分等级差异。伴随着社会生产力的发展，出现社会分工和阶级分化，语言逐步具有了鲜明的意识形态属性，成为为特定阶级服务的工具和手段。语言内在地蕴含着社会等级和社会身份，包含着一种独特的价值观和思维习惯。马克思认为，统治阶级"赋予自己的思想以普遍性的形式，把它们描绘成唯一合乎理性的、有普遍意义的思想"④。勒塞克勒在《马克思主义的语言哲学》一书中说："语言不仅有一个历史，它本身就是历史。"⑤ 话语是思想的表达和展示，话语代表着世界观，具有话语权的特定阶级"把自己的利益说成是社会全体成员的共同利益"⑥，话语在形式上体现为代表社会大众利益的公共性话语。

辩证唯物主义和历史唯物主义是马克思主义语言观的哲学基础，为高校网络思想政治教育话语的本质属性问题从世界观和方法论层面指明了方向。第一，高校网络思想政治教育话语体系必须明确"为谁代言"的问题，要从培养担当民族复兴大任的时代新人的政治高度思考高校网

---

① 中共中央马克思恩格斯列宁斯大林著作编译局. 马克思恩格斯全集：第 42 卷 [M].
北京：人民出版社 1979：36.

② 中共中央马克思恩格斯列宁斯大林著作编译局. 马克思恩格斯文集：第 5 卷 [M]. 北京：人民出版社 2009：91.

③ 中共中央马克思恩格斯列宁斯大林著作编译局. 马克思恩格斯选集：第 1 卷 [M]. 北京：人民出版社，2012：380.

④ 中共中央马克思恩格斯列宁斯大林著作编译局. 马克思恩格斯选集：第 1 卷 [M]. 北京：人民出版社，2012：180.

⑤ 王大惟. 语言、社会及意识形态研究中的马克思主义哲学观："2016 当代语言学前沿：语言、社会及意识形态"研讨会纪要 [J]. 当代语言学，2016，18（3）：474，451.

⑥ 中共中央马克思恩格斯列宁斯大林著作编译局. 马克思恩格斯选集：第 1 卷 [M]. 北京：人民出版社，2012：180.

络思政话语的价值体系。第二，高校网络思想政治教育话语体系建构必须明确"物质基础"，要从新时代高校所处的历史方位、职责使命、技术环境和青年学生的现实特点上来思考其话语体系建构。教育是国之大计、党之大计。高等教育肩负着为人民服务、为中国共产党治国理政服务、为巩固和发展中国特色社会主义制度服务、为改革开放和社会主义现代化服务的重大任务，高校思想政治工作关系到培养什么人、如何培养人以及为谁培养人这个根本问题，网络思想政治教育话语体系是自觉践行为党育人、为国育才使命的话语体系，也是培养德智体美劳全面发展的社会主义建设者和接班人的话语体系。

二、索绪尔的语言和言语理论

索绪尔是 20 世纪最重要的语言学家之一，他的贡献之一是对语言和言语的理论的研究。索绪尔把语言现象分为"语言（language）"和"言语（parole）"两个维度。语言（language）指语音、词汇、语法等语言本体规则；言语（parole）指人们对语言的应用，包括口头和书面交流。他认为："语言和言语是相互依存的，语言既是言语的工具，又是言语的产物。"① 根据索绪尔的理论，语言是一种符号系统，它由一组符号和规则组成，用于表达思想和交流信息。语言是人类文化中最重要的交流工具之一，它不仅用于交流，还反映了一个文化和社会的价值观和习惯。言语是指特定语言的实际使用，包括口语和书面语。言语不仅包括语言本身，还包括非语言的元素，例如，语调、手势、面部表情和身体语言等。索绪尔认为，"言语是散在的，它是说话者赖以运用语言规则表达个人思想的组合，每个人在表达自己思想的时候，都是在一定语境下实现的，是根据一定的情景作出的临时组合"②。言语的使用是在特定的语境

---

① 索绪尔. 普通语言学教程 [M]. 高名凯，译. 北京：商务印书馆，2008：41.

② 牛卫英. 也谈索绪尔"语言"和"言语"的关系 [J]. 社会科学战线，2010（7）：153-155.

中进行的，这个语境包括说话者、听者、时间、地点、文化和社会背景等因素，这些因素会影响言语的意义和解释方式。索绪尔还提出了语言的意义是建立在语言符号之间的差异和关系上的，"言语者通过语言约定规定意义，充实其特性，语言符号通过聚合关系形成复杂的语言符号系统，标志与其相对应的意义系统"①。也就是说，语言的意义是建立在语言符号和规则系统上的，并且是通过社会和文化约定来共同理解的。总之，语言是一种符号系统，用于表达思想和交流信息，而言语是特定语言的实际使用，建立在语境中，并且意义是通过社会和文化约定而存在的。

三、哈里斯的"话语分析"理论

1952 年，美国结构主义语言学家泽里格·哈里斯（Zellig Harris）在一篇名为《话语分析》（*Discourse Analysis*）的文章中首次提出"话语分析"。"话语分析"是指通过观察人们实际使用中的语言，分析语言的交际功能和使用者的认知特征，探索语言规律及制约因素。"话语分析"被哈里斯提出后，一些学者开始了对"话语分析"的研究。例如，韩礼德（Halliday）的系统功能语法、海姆斯（Hymes）的言语交际和派克（Pike）开展的语言和人类行为语位的研究等都促进了话语分析的发展。20 世纪 60 年代末期到 70 年代，越来越多的学者开始研究"话语分析"，例如，范迪克（van Dijk）等在研究中加入了语言的运用、言语行为、篇章结构、认知和语境等新概念，对传统的话语分析形成了冲击。20 世纪 80 年代，话语分析方法得到了充分的发展。例如，1983 年，朗埃克（Longacre）对超句语法和话语分析框架进行深入讨论；1985 年，范迪克主编了《话语分析手册》（*Handbook of Discourse Analysis*），使得话语分析形成了一个完整的体系。总体来讲，话语分析包括"三个维度"，

---

① 詹凯丽 . 索绪尔语言理论的哲学逻辑、本质及其启示 [J]. 求索，2016（9）：94-98.

一是分析话语的结构，主要是指句法关系和话语生成过程；二是分析话语的功能，主要是指情景语境和语言符号的使用意义；三是分析话语和社会的关系，从人类学、社会学角度分析语言蕴含的社会功能。

四、福柯的"话语"理论

法国哲学家福柯（M.Foucault）提出了"话语（discourse)"，认为一切事物都可归为两样东西：权力和话语。话语不是客观存在的文字、词语、语音、语法等思维符号和交际工具，也不是与客观事物简单结合的对应关系，话语是一种具有建构功能的事件和实践，是人们斗争的手段。福柯的核心观点之一是，话语与权力密不可分，话语的核心是背后的权力。他认为话语就是人们斗争的手段和目的。话语即权力，人通过话语赋予自己以权力。[①] 话语实际上是一种能够构建思维、观念和文化的工具，不仅仅是传递信息的方式，还具有塑造人们的认知和价值观的能力。话语的掌握者具有权力来引导社会舆论、影响决策和塑造社会结构。福柯提出的"权力话语"理论确定了未来意识形态话语权的理论导向，突出强调了话语意义的本质背后是其蕴含的意识形态，而话语对受众所产生的效果即意识形态的话语力量。[②] 按照福柯的观点，话语体现着意识形态领导权，谁掌握了话语，谁就决定着说话的内容及其影响力、支配力。在福柯的理论中，一个重要的概念是"话语权"（discourse power）。话语权指的是通过主导特定话语领域，个人或群体可以实现对社会的影响和控制。这意味着话语权的持有者可以决定讨论的话题、话语的范围和语境，从而塑造社会的舆论和决策。话语权的重要性在于，它能够影响社会的发展和动态，同时也反映了社会中的权力分配。

---

① 杨云霞.话语"权利"抑或"权力"：辨析与再认识[J].人民论坛·学术前沿，2021（6）：94-102.

② 刘秉鑫，易小兵.意识形态领导权与意识形态话语权的辨析与演化[J].湖南师范大学社会科学学报，2021，50（2）：79-87.

福柯的话语理论更侧重于话语实践，而忽视了人类的社会实践。他强调话语本身的权力，认为话语事先以特定的方式调节和控制话题和主体的位置，从而忽视了话语主体的权力。事实上，人类的物质实践活动无法被话语实践所取代，不同的话语主体会选择不同的话语内容、方式、平台等；即使在表达相同的话语内容时，同一话语主体使用不同的话语方式所产生的效果也可能有所不同。因此，应选择最优的话语方式，以达到最佳的话语效果；如果话语没有达到预期效果，话语主体也应及时查明原因并进行调整。话语主体的自主选择，都是其主观能动性的表现。

五、巴赫金的"对话"理论

巴赫金（M.Bakhtin）认为，人类生活就其本质来说是对话性的。[①]个体总是以他人的存在为前提，个体是通过他人来显示自己，而他人也是通过对另一个个体的观照而存在。因此，个体与他人之间的交流关系主要是通过语言形成的，而言语交往就是一种对话关系。话语是语言交流最基本的单位，语言的真正生命在于话语，任何话语都有内在的对话性。一方面，任何话语总是处在特定的言语文脉中，我们的任何一段话都是对他人的回应。另一方面，任何希望被听到、理解和回应的语言都会触发并期待他人话语的回应。在巴赫金看来，现实存在的每个人都强烈地渴望自己的声音被他者听到，并希望得到回应。巴赫金认为，对话既是语言的本质，也是人类的存在本质。人的生命在本质上就是对话性的。巴赫金认为，从人存在的本质特征看，人与人之间的对话关系体现了人的社会存在，体现了人的精神生活。生存的价值和意义只有在同他者的对话与交流中才得以体现。[②]巴赫金说："一切都是手段，对话才是

①　刘雪丽，朱有义.巴赫金对话理论视阈下主体的自我建构[J].俄罗斯文艺，2019（4）：117-124.
②　刘雪丽，朱有义.巴赫金对话理论视阈下主体的自我建构[J].俄罗斯文艺，2019（4）：117-124.

目的。单一的声音，什么也结束不了，什么也解决不了。两个声音才是生命的最低条件，生存的最低条件。"①

"复调"是对话原理的具体化，复调理论是巴赫金提出的独特见解。在复调音乐中，每个声部独立展开，在节奏上不相互依赖，形成对立的和声。在巴赫金看来，陀思妥耶夫斯基深刻理解了人类生活和思想中对话的本质，写出了人与人生活之间的真实关系。他的作品不再是作者控制下的同一个世界，而是"把不同的声音结合在一起，但不是汇成一个声音，而是汇成一种众生合唱；每个声音的个性，每个人真正的个性，在这里都能得到完全的保留。"② 于是，"一切看来平常的东西，在他的世界里都变得复杂了，有了多种成分。在每一种声音里，他能听出两个相互争论的声音。"③ 然而，传统写作往往依靠一种形式的写作霸权，将人彻底物化和客体化。对于作者来说，作品中的人物只是被创造的"沉默的奴隶"。

"狂欢化"是对话的真实体现，也最能够体现巴赫金对话理论的核心价值。狂欢化渊源于狂欢节，是存在于等级制官方文化之外的重要民俗文化。巴赫金认为，狂欢化的一个重要功能，就在于打碎日常生活中各种身份地位的人为界限，使不同的人们聚集在一起共同欢庆，狂欢本身也是一种在颠倒原则中实现的人与人之间的平等交流。④ 在狂欢中，"一切原来在狂欢之外的等级世界中被分割禁锢和抛弃的东西，在狂欢中都奇妙地结合在一起了。"⑤ 换言之，在狂欢中，抛开了种种外在的规约和束缚，消除了日常生活中的话语霸权，人与人通过平等、自由的交往和自

---

① 巴赫金.巴赫金全集：第5卷 [M].钱中文，译.石家庄：河北教育出版社，2009：397.

② 巴赫金.巴赫金全集：第4卷 [M].钱中文，译.石家庄：河北教育出版社，2009：379.

③ 巴赫金.陀思妥耶夫斯基诗学问题 [M].上海：三联书店，1992：62.

④ 周宪.20世纪西方美学 [M].北京：高等教育出版社，2004：292.

⑤ 周宪.20世纪西方美学 [M].南京：南京大学出版社，1999：365-366.

主地参与生命体验而回归真实的自我。

六、"话语"研究的其他理论资源

哲学、社会学、传播学中关于"话语体系"的理论有很多，例如，哈贝马斯（J.Habermas）的"交往行动"理论、霍尔（E.T.Hall）的话语分析理论、奥斯汀（J.L.Austin）的话语行为理论、布尔迪厄（P.Bourdieu）的符号交换理论等。哈贝马斯把语言符号的互动沟通作为人类"普遍行为"和社会进化的基础，强调语言"互动"或"沟通"的地位，认为以"话语"为基本单位的交往行为是"意义沟通的行为"，"言说"或"交谈"是最基本的交往形式，"交往行为"本质是"言语行为"。在《交往行动理论》指出"只有交往行动模式，首先把语言作为直接理解的一种媒体，在这里，发言者和听众，从他们自己所解释的生活世界的视野，同时论及客观世界、社会世界和主观世界中的事物，以研究共同的状况规定。"[①] 霍尔的话语分析理论认为，话语不仅仅是语言的表达方式，还包括非语言的符号和象征，这些符号和象征对于构建特定的话语体系是至关重要的，强调了话语和权力之间的关系，并探讨了话语如何被用来控制和影响人们的想法和行为；奥斯汀的话语行为理论认为，话语不仅仅是对现实的描述，还可以通过言语行为来改变现实，认为话语可以用来表达承诺、命令、询问等行为，这些行为会影响听众的思考和行为；布尔迪厄的符号交换理论认为，话语不仅仅是符号的传递和交换，还包括对符号的解释和重构，话语体系的建构和维护是社会阶层和文化差异的体现，通过对符号的掌握和运用可以实现社会地位的提升和文化资本的积累；萨丕尔（E.Sapir）认为："人类并不是孤立地生活在客观世界上……他们完全受已成为表达他们的社会之媒介的特定语

---

① 哈贝马斯.交往行动理论：第 1 卷 [M].洪佩郁，蔺青，译.重庆：重庆出版社，1994：134–135.

言所支配。"① 罗尔（M.Rolle）提出话语有助于传播观念和理解事物，是国家意识形态的中介及资源，认为"组织集体意识与日常生活在很大程度上是通过由主流国家意识形态和文化所要求和暗示的话语、需要和常规来完成的。"②

这些不同视角的理论都试图揭示话语如何被建构、传播、解释和接受，以及话语与权力、文化、社会结构之间的关系。网络思想政治教育是指通过网络平台进行的思想政治教育活动。在信息化时代，网络已成为人们获取信息、交流思想的重要渠道之一，从传播学角度来看，网络思想政治教育的传播具有以下特点：传播方式的多样性，网络思想政治教育可以通过文字、图片、音频、视频等多种形式进行传播，丰富了传播手段；传播速度的快速性，网络思想政治教育内容可以在短时间内迅速传递给广大受众，形成集中关注；传播反响的及时性，网络传播不仅速度快，而且反响也非常迅速，受众可以在第一时间做出反应，产生影响甚至舆情；传播范围广泛性，网络思想政治教育内容可以覆盖全球，不受时间、空间的限制，可以让更多的人了解思想内容和价值观念；传播过程的互动性，网络思想政治教育内容不仅仅是单向传播，更是一种互动交流的过程，可以通过社交媒体等平台与受众进行交互。从传播学角度看，网络思想政治教育的传播是一种复杂的社会现象，既需要创造具有思想教育价值和传播效应的内容，又需要加强传播管理和监管；既需要防止出现虚假信息、低俗内容等不良信息，又需要加强受众的网络文明教育。

---

① 特伦·霍克斯.结构主义和符号学 [M].瞿铁鹏，译.上海：上海译文出版社，1987：23.

② 罗尔.媒介、传播、文化：一个全球性的途径 [M].董洪川，译.北京：商务印书馆，2012：308.

第二节 高校网络思想政治教育话语流变的历史考察

1994 年，中国接入互联网，面对新的信息技术环境，思想政治教育经历了被动应对、主动建设、深化提升的发展过程，开展了大量的网络思想政治教育实践。网络思想政治教育先后经历了单向话语阶段、互动话语阶段、嵌入话语阶段。在不同的发展时期中，网络思想政治教育具有不同的阶段性特征，呈现出明显地从网络化、信息化到数字化的发展趋势和逐步融合化、体系化的特征。

一、奠基阶段：基于网站建设的单向式话语体系

奠基阶段的网络思想政治教育主要是通过一些政治网站、论坛等平台，采用单向传递信息的方式进行的。政治宣传片、文字、图片、音频、视频等形式的素材，被上传到政府网站、新闻网站、社交媒体等网站平台上。这些信息内容由政府机关、新闻媒体、政治宣传部门等主导并传递给用户，用户则被动接受，这就是单向话语。

从技术层面分析，1994 年 4 月互联网引入中国，随后校园网、局域网等基础设施不断完善，为网络思想政治教育提供了物质条件，催生了以大学生宿舍园区为主的局域网和门户网站。从工作层面分析，在党和国家的统筹部署下，高校稳步推进思想政治教育进网络工作，以高校校园网站为龙头，主题教育"红色网站"、新闻网站等逐步建立，线上课堂和课程如雨后春笋般不断涌现，相关管理机构和网络管理制度逐步建立，初步搭建起网络思想政治教育的工作平台，探索了网络建设与管理的工作机制。从政策层面分析，党和国家高度重视运用网络技术开展思想政治教育工作，按照"积极发展、加强管理、趋利避害、为我所用"的基本方针，印发了《关于加强国际互联网络新闻宣传工作的意见》《关于加

强高等学校思想政治教育进网络工作的若干意见》《中华人民共和国计算机信息系统安全保护条例》《计算机信息网络国际联网安全保护管理办法》等文件，为网络思想政治教育的工作与研究提供了遵循和指导。从话语层面分析，这个阶段师生纷纷接触互联网，从网上获取大量信息，思想政治教育被动联网上线，话语方式主要为单向发布信息，缺少互动交流。这期间，依托校园网建设了一大批 BBS（电子公告栏）站点，推动单向发布向双向交流发展。面对 BBS 的蓬勃发展、网络舆情的不断发酵和网络安全的严峻形势，高校纷纷通过制定管理办法理顺工作机制，建设网络安全"防火墙"、后台实名注册、关闭不良站点等办法规范网络管理，努力消除不良信息的影响，积极探索应对网络挑战的方法和策略。

二、发展阶段：基于社交媒体的互动式话语体系

互联网技术的发展，使得网络思想政治教育进入发展阶段。1998 年是中国门户网站元年，搜狐、京东、腾讯等先后创立，第一代电子邮箱投入使用，1999 年，阿里、盛大成立，两年间各类当今流行的互联网品牌陆续登场。政府部门、新闻媒体、政治宣传部门等开始在各类社交媒体上开设官方账号，通过微博、微信、论坛、贴吧等平台与用户进行互动。政府机构、新闻媒体等官方机构发布消息，用户可以通过评论、转发等方式反馈意见。政府官方机构和用户之间的信息交流已经从单向信息传递转变为双向互动。2000 年，教育部全面部署高校思想政治教育进网络工作，要求高校用正确、积极、健康的思想文化占领网络阵地，建好主题教育网站、开展生动活泼的网络思想政治教育活动。学术界也开始关注网络思政这一全新领域，研究涉及网络思政的概念界定、主体与客体的关系、载体与内容建设和方法途径等，为网络思政实践提供了经验总结和理论指导。

为深入贯彻落实中共中央国务院《关于进一步加强和改进大学生思想政治教育的意见》的精神，教育部、共青团中央发文要求高校牢牢把

握网络思想政治教育主动权，进一步推动了网络思想政治教育的发展。在这一阶段，高校进一步加强校园网建设与管理，并主动占领各类互联网应用等网络新阵地，进一步理顺网络文化建设工作机制，挖掘和创新网络新媒体平台的思想政治教育功能。思政工作者的思想观念也逐步转变，开始通过博客、QQ、微博、微信等平台，运用网络用语与学生双向互动，思政工作者的价值引领能力有所提升，思想政治教育的亲和力也不断增强。

随着媒体融合的不断深化，各类能提供良好用户体验的新媒体应用层出不穷，深受青年学生喜爱。高校网络思想政治教育紧跟青年学生喜好，建设新的网络阵地。2016 年 12 月，习近平总书记在全国高校思想政治工作会议上指出："要运用新媒体新技术使工作活起来，推动思想政治工作传统优势同信息技术高度融合，增强时代感和吸引力。"[①]2021 年 7 月，中共中央、国务院印发的《关于新时代加强和改进思想政治工作的意见》指出，要推动思想政治工作传统优势与信息技术深度融合。

在党和国家的高度重视和统筹部署下，高校主动作为、不断创新网络思想政治教育方式方法。2009 年，易班在上海诞生，2012 年，西华大学作为易班全国推广的第一所高校启动西华大学易班建设。随后，教育部、国家互联网信息办公室启动实施"易班"推广行动计划和中国大学生在线引领工程，易班推广至全国近 2000 所高校。易班也紧跟科技发展步伐，从 PC 端到移动端不断迭代。各高校建好校园网、用好易班网，不断开辟网络思想政治教育平台、开发各类校园网络应用、精心制作符合学生认知特点的思想政治教育内容，推动思想政治教育与"三微一端"等新媒体技术的融合发展，主客体线上线下双向互动，实现从"键对键"到"面对面"，再到"心连心"，推动思想政治教育全面覆盖各类网络新媒体平台，构建起各类网络载体协同育人的新局面。

---

① 习近平 . 论党的宣传思想工作 [M]. 北京：中央文献出版社，2020：278.

三、深化阶段：基于数字平台的嵌入式话语体系

随着移动互联网的发展，智能手机和移动应用程序的广泛普及，人们使用互联网的时间和频率不断提高，网络思想政治教育进入深化发展阶段。政府机构、新闻媒体、政治宣传部门等已经不仅仅在官方账号上开设互动功能，而且开始将教育内容和信息嵌入各种应用程序中。例如，政治题材的小说、电视剧、电影、游戏等，在普通的娱乐应用程序中就能看到。政府机构、新闻媒体等也开始通过一些手机应用程序、社交媒体等移动应用平台，向用户传递各种教育内容和信息。这个阶段的特点是，信息内容与用户生活的各个方面相互渗透、相互嵌入，传递途径变得更加便捷。

随着数字技术的不断发展，大数据、ChatGPT、资源共享平台、虚拟人等深刻改变高校学生的学习活动方式、人际交往方式、学校的管理模式以及校园生态，基于兴趣算法的持续内容供给潜移默化地影响青年的思想塑造和品格养成，高校网络思政向数字化、智能化、智慧化转变成为必然趋势。高校信息化经历了从简单的网络连接到信息化管理，再到数字化治理的发展历程。当前，高校信息化已经全面进入数字化阶段，随着数据中心的建设和各业务平台系统的资源整合，高校信息系统正在逐步实现数据的共享与流动，师生可以通过统一的平台访问多种应用。如何构建"数字泛在"的思政育人场域，成为高校面临的新课题。教育部思想政治工作司 2023 年工作要点强调，进一步强化数字赋能，探索建立高校"思政指数"，坚持边建边用边完善，提高相关数字化平台建设、运行、服务质量。高校纷纷顺应数字化发展趋势，积极探索建设互联互通、协同服务的数字化思政平台，汇聚全员全过程、全方位的数字育人资源，通过数字身份赋予、数字系统联通、数据交流互换，构建具有应用融合、数据流转、流程高效、沉浸体验等特点的数字思政育人场域，为学生提供全方位线上服务和交流互动数字环境，同时通过数据集成和

数据分析，精准开展思政工作。

　　互联网技术的进步为高校网络思想政治教育奠定了技术基础，推动高校网络思想政治教育从单向发布、双向互动发展到嵌入引导，并积累了大量的网络思想政治教育实践。当前，数字化技术给高校思想政治教育工作带来了严峻挑战。随着元宇宙的发展，学生可能更多地沉浸于虚拟世界中，导致与现实社会的脱节；人工智能可能过度依赖算法和数据分析，忽视了对学生个体差异的关注和个性化需求的满足；数字鸿沟、数据隐私等问题逐渐凸显。嵌入式数字思政需要平衡虚拟和现实社会的关系，综合考虑技术、教育和伦理等多方面的因素，确保学生在虚拟世界中获得更精准的价值引导和更全面的成长体验。

第二章　高校网络思想政治教育话语体系建设的问题语境与功能指向

高校网络思想政治教育是教育者与受教育者以网络互联技术和新媒体平台为基础和载体所进行的思想的传递。高校网络思想政治教育话语是传播主流意识形态、宣传马克思主义、弘扬中国共产党精神谱系的重要载体。当前，思想政治教育话语在新媒体环境下受到全方位的严峻挑战，厘析网络思想政治教育话语面临的主要困境，明晰网络思想政治教育话语建设的功能指向，对于巩固网络思想政治教育主流意识形态话语体系建设、提升网络思想政治教育活动的有效性、推进媒介融合视域下思想政治教育高质量创新发展具有重要意义。

第一节　青年网络亚文化的影响

《大辞海》中的"文化"一词是指人类在社会实践过程中所获得的物质、精神的生产能力和创造的物质与精神财富之总和。①文化与人类社会相伴而生，是各种社会因素综合制约的结果，同时也反向制约、影响着人类的思考与行为方式。

随着现代互联网技术的飞速发展，数字化生活方式成为社会常态。第 50 次《中国互联网发展状况统计报告》显示，截至 2022 年 6 月，中国网民规模达 10.51 亿，其中 10 ~ 39 岁网民占比高达 51%。②网络日益改变着青年的生存样态以及话语结构。大量移动应用软件和使用场景，使得基于不同兴趣、身处不同地域和社会阶层的青年网民，在网络上聚集，开展属于自己的网络社交。在这个网络空间中，他们可以回归真实

---

① 夏征农，陈至立，徐庆海.大辞海：文化新闻出版卷[M].上海：上海辞书出版社，2013：1.

② 中国互联网络信息中心.CNNIC发布第五十次《中国互联网络发展状况统计报告[EB/OL].（2022-08-31）[2023-09-20].https://www.cnnic.cn/n4/2022/0916/c38-10594.html.

的自我，实现对一切规则的解构和建构，表达个体生命的体验，产生新的认知模式，进而形成一种新型文化形态，即青年网络亚文化。

青年网络亚文化即青年网民在网络空间中借由虚拟身份、网络语言表达自我意识的觉醒与个性化生活，其以网络粉丝文化、锦鲤文化、佛系文化、"二次元"文化等为主要表现。这一现象符合20世纪70年代末，法国后现代思潮理论家让－弗朗索瓦·利奥塔（Jean-Francois Lyotard）所主张的"小型叙事"代替"宏大叙事"，这一时期，各种精英文化的话语权日渐失去其中心地位，被碎片化、异质化、多元化的话语逐渐取代。①互联网环境以其自由、开放、"去中心"的特点，为青年追求个性化发展和个性化表达提供了广阔的空间。网络青年亚文化是青年自我表达的产物，通过网络语言实现话语建构，通过角色扮演和集体行动实现身份认同，是网络青年亚文化的重要表征。

一、青年网络亚文化的内在逻辑

青年网络亚文化是一种在互联网平台上形成的以青年网民为主体的多样化文化类型。早期的黑客亚文化、网络语言亚文化，到当前的青年网络亚文化现象，如恶搞文化、粉丝文化、御宅族文化，等等，无不呈现出以下内在逻辑。

一是"现实需求"的网络社群式满足。青年人在融入社会的进程之中以及人生自我实现的过程之中，难免会遇到困惑、焦虑、资源匮乏与理想主义情结相冲突等种种现实问题。在现实世界里，他们迷茫、忧虑，又羞于表达自己的负面情绪，而由于代际鸿沟，父辈们对于子女的难题，往往有心无力，以致他们在自己的世界里左冲右撞，手足无措。互联网世界包容和接纳了青年人的无助，甚至在一定程度上满足了他们的内在

---

① 崔少元. 解读《后现代状况：关于知识的报告》：利奥塔德后现代观透视 [J]. 外国文学，1997（3）：66-69.

需求。广阔而自由的互联网世界以其隐匿性、开放性，以及对时间和空间的重新建构，给青年网民营造了一个与现实世界截然不同的新场景。这种新的生活场景为青年提供了一个直面内心和自由表达内心脆弱的出口。在这个新的场景里，时间的精确性被淡化，空间对人的约束被弱化，青年人可以直面自己的不足，坦言自己已"躺平"，那些在现实里难以启齿的惶恐与焦虑、羞于表达的困惑、尴尬与狼狈，在网络世界里都可以得到全面、彻底的释放，网络缓解了他们的焦虑，也维护了他们的自尊。与此同时，在网络社群里，他们很容易找到情感上的认同和共鸣，与网友产生惺惺相惜之感，弥补了线下社会不被理解的孤独，重新找到归属感。

二是自茧式保护。大多数青年人处于事业的起步期，在生活中的身份较为低微。在他们身上，校园生活的印记尚未完全消退，而在现实生活中则需要直面来自工作、生活、家庭等各方面的压力。这样的境遇使他们很容易陷入一种不确定、不安全和自我怀疑的心理状态，精神和情感上感到寂寞和孤立。面对外界众多境遇不同的其他人，他们选择退守以抵抗自身与他人的差距，选择屏蔽以应对社会生活中的诸多问题，如网络戏称的"躺平""咸鱼""985废物""废柴""小镇做题家"，无一不是通过自嘲将自己置于一个较低的位置，以获得片刻的心理宽慰和精神放松。这种片刻的情绪释放，在网络间传播，很容易使得相同身份、相同情绪和情感状态的青年人产生身份认同和价值共鸣，以致网络成为他们逃离现实的自茧式庇护所。没有人能够在一种极度不安的心理状态下很好地生活与工作，网络是一个情绪释放的理想空间，当自身的身份与所面对的生活压力存在极大差距时，适当降低身份有利于从心理层面降低青年的压力从这一点来看，青年网络亚文化的产生有其现实意义。

三是"文化共建"的群体式对话。在青年网络亚文化里，无论是"一起爬山吗""爷青回""你品，你细品"等流行语言，还是"快闪""云养宠"、COSPLAY 等休闲娱乐方式，抑或是以解构权威、嘲讽精英为目的的"恶搞文化"，无一不显现出反叛、颠覆和边缘性的小众文化景象。这种景象在张扬青年人崇尚自由与个性的同时，也在不断冲击着青年人的思想观念和道德行为。例如，青年人在王者荣耀的游戏中，体验竞争、冒险、对抗等，满足一种虚拟的精神实现；在"恶搞"表情包中，表达自身对社会精英文化的讽刺、对传统的颠覆和对权威的挑战。他们通过一种自创的语言与行为方式，表达他们对于父辈文化、主流文化的思辨、见解或者反抗，表达他们不断增长的自我意识、民主意识、权利意识和参与意识。尼尔·波兹曼（Neil Postman）在《娱乐至死》一书中用"会话"一词表达文化的流通。他认为文化就是一次会话，文化不仅仅是语言，同时也指一切使某个文化中的人得以交流信息的技巧和技术。① 因此，青年网络亚文化也可以理解为一种与社会主流文化的交流、分享与融合，是一种对于"文化共建"的群体式对话。

二、青年网络亚文化的表现特征

互联网技术催生的青年网络亚文化新形态在语言表达、沟通规则和社群规则等方面都有别于社会主流文化形态。与社会主流文化形态相比，这种文化在青年群体中有很强的影响力，表现出一定形式的异质性和边缘性。由于青年网络亚文化在形式、内容和价值观层面的多样性，其对青年思维方式、交往形式、价值取向等方面的社会影响兼具正向和负向影响。一方面，其所表现出来的部分观点、意见或内容，具有一定正能量，与社会主流文化兼容，在形式上也为青年网民所喜闻乐见，能够满足社会不同人群对于多方面精神文化的需求，是一种正常的文化现象。另一方面，青年网络亚文化在内容和形式上难免存在与主流文化相冲突的现象，在价值观上由于过于强调个性，而忽视集体意识、责任意识等，导致消解和重构主流文化。同时，这种文化多是碎片化的，是缺少文化

---

① 波兹曼.娱乐至死[M].章艳，译.桂林：广西师范大学出版社，2004：8.

沉淀的，如网剧中对生活的反讽、对经典的解构、对权威的挑衅等，常常受到众多网络青年的追捧，而这却是主流文化所担忧、批评与排斥的。青年网络亚文化与主流文化之间的融合依然任重道远。

一是批判性与理性并存。青年网络亚文化的产生部分源于青年群体对于社会主流价值观的抵触、抗拒，甚至批判。青年网络亚文化在形式和内容上更加追求自我和个性，体现青年自我意识的觉醒和对自我价值的追求，以及对于个人价值的尊重，因而青年网络亚文化带有极强的批判性。相较于幼年和成年阶段，青年更容易产生批判意识，他们面对各种价值观、道德观、审美观，产生批判意识是正常的，也是有利于个人发展和社会进步的。例如，某知名演员在某次直播中，被问及什么是知网而不知情时，全网粉丝掀起了一场关于学术规范的大讨论，引起学界广泛重视。青年网络亚文化的批判精神并不代表青年缺乏对事物的理性判断，也不意味着与主流价值观对抗，某种程度上甚至可能促进社会的进步和健康发展。因此，应该坚决抵制泛娱乐化，防范极端享乐主义和利己主义，积极引导青年网络亚文化中的批判精神向理性思维转变。

二是情绪释放与精神成长共进。互联网技术在一定程度上改变了传统的人际沟通与交流方式。青年网络亚文化逐渐成为当代青年展现个性的重要媒介。青年经历着人生"第二次心理诞生"过程。他们要从过去对家庭、对学校的依赖中脱离出来，成为一个更加独立的人，他们在心理上非常希望脱离父母、权威的束缚。而网络亚文化没有高低台阶，个体无须对其仰视或者敬畏，其平权对权威的解构、草根对精英的挑战、个体对规则的冲击，非常符合青年人张扬个性、批判权威和展现自我的心理特点，因而获得青年人的广泛共识。

青年人通过微信、抖音、哔哩哔哩、知乎等新媒体平台，充分表达他们的心理诉求、理想信念、行为方式以及生活目标。他们以网络碎片化的方式，通过动漫、网络游戏、自拍等形式，实现角色替换，获得身份认同感；通过奇装异服、网络热词和流行语，凸显行为上的自由和思想上的独立；通过对经典照片的翻拍、对官方语言的调侃等方式，不断颠覆、戏仿和拼贴主流文化，他们在张扬个性、释放情绪的同时，获得精神世界的丰盈与成长。

三是边缘性与集群性交集。青年网络亚文化群体在与其他亚文化和社会主流文化的互动过程中，具有一种文化上的边缘性。青年网络亚文化流行于青年群体中，为青年群体所特有，诠释着青年群体独有的思想观念和行为模式，是青年群体在基于共同兴趣目标、情感体验、价值认同与理想追求的基础上，自发性、创造性地表达自我的一种文化实践活动。其与社会主流文化之间存在着一定程度上的对抗与协商、争锋与合作关系。与社会主流文化相比，青年网络亚文化是属于小众的，具有边缘性的特质。置于青年网络亚文化中心的青年与社会主流文化中的父辈，不仅在外表与思想、言语与行为等方面表现不一致，在深层的价值观念以及文化认同方面也存在一定的差异性和隔离性，以致常常发生对立和冲撞。例如，二次元文化属于小众文化，其相对于社会主流文化而言，就较为边缘。青年网络亚文化整体显现出边缘性和集群性交集的特质。但亚文化的内在属性决定了青年网络亚文化群体的内在认同感非常突出，青年网民在内部社交和内部网络中，往往保持和存在着一定程度上较为一致的思想观念和问题解决思路。例如，随着新媒体技术的发展，去"中心化"成为趋势，人人都是"麦克风"的信息格局将信息传播权交给了受众。这样的情形下，基于相同诉求、相同情感和价值认同的青年之间就很容易形成各种形态的文化部落，如百度贴吧、小红书、知乎等。青年在这些平台中宣泄情感、寻找帮助、得到指导、表达意见、放松心情。这些平台往往呈现出一定的集群性，在青年群体中有着强大的影响力。

三、青年网络亚文化的治理引导

青年网络亚文化现象产生的背后有其深刻的社会客观原因和青年心

理发展失衡的主观原因。分析其产生的逻辑，探究其文化背后青年的真实诉求，是正确引导青年网络亚文化的重要任务。从社会客观原因来看，社会内部及外部竞争态势日益增加，青年面临较大压力，容易产生心理焦虑。从青年主观原因来看，青年民主意识、权利意识和参与意识都在不断提升，但部分青年缺乏社会核心竞争力，面临学业、就业、理想与现实、情感等多方面的压力与困惑，他们大多在较为宽裕的物质生活环境中长大，面对严峻的生存压力和激烈的竞争环境，往往感到无力又无奈，或者以"躺平"方式对现实社会进行软对抗，而其深层的实质性诉求是希望通过不抵抗的方式产生出抵抗的效果。一方面，青年网络亚文化现象的产生，反映了当代青年对于美好生活的渴求，另一方面，青年网络亚文化现象的产生，也反映了面对社会竞争，青年实现自身价值、人生梦想的道路面临诸多现实困境，因此希望在网络社会中寻求精神支持和身份认同。因此，应深刻理解青年网络亚文化的抵抗性和兼容性，引导青年积极融入社会主流文化之中。

其次，对于青年网络亚文化，要做好治理和引导。要依法管网、依法办网，构建良好的网络传播秩序和风清气朗的网络空间。要加强对新媒体平台的管理和对新媒体用户的引导，增强青年的社会责任感和法治观念。对于传播中出现的消极、粗俗内容，特别是出现的与主流价值观明显相悖的内容，要坚决予以制止。同时，社会主流媒体要创新工作理念和思路，积极借鉴、主动引入和用好一些青年网络亚文化中的资源和手段。

第三，网络亚文化是一个不断产生新事物的领域，要做好监管工作。要构建相应的监管体系，健全网络社会相关法律法规。要提升主流意识形态在网络空间中的占有率和引导力，要在主流媒体中强化主流意识形态的培育。要根据网络媒介的传播特点，创新主流意识形态的传播方式和话语方式，致力于打造适合当下青年人的网络主流文化产品，以容易被青年网民接受的话语方式传播社会主流文化，发展和巩固网络空间中主流意识形态的地位。

第四，要引导青年网络亚文化发挥正向审美的作用。青年视野开阔、思维敏捷，青年网络亚文化的产生对于丰富社会大众的审美文化需求有所助益。青年网络亚文化所展示出来的独特性和亲和力对于当代文化产业发展具有一定的推动作用。当前市场环境下出现的一些新产品和新业态，均与青年网络亚文化的发展相关。因此，社会各界、社会主流媒体和主流意识形态要切实引导青年正向审美，共创积极向上、充满正能量的文化产品。

第二节 网络舆论圈层化的影响

圈层原指地球的地壳、地幔、地核等内部结构和大气圈、水圈、生物圈等外部结构，后来被引入经济学、社会学领域。费孝通先生在《乡土中国》一书中对"圈层"的社会意义与内在逻辑进行了深入探讨，他认为"每个人都是其社会影响所推出去的圈子的中心，被圈子的波纹所推及的就发生联系。"① 因此，在社会学领域，圈层是在社会阶层分化的大背景下自然产生的一种相对特定的社会群体的概括。

近年来，随着互联网普及程度的提高及其对社会生活的深度浸透，微信、QQ、微博等社交媒体盛行，圈层化现象正逐渐进入大众视野，成为舆论关注的热点，饭圈、二次元圈、电竞圈、美妆圈、艺术圈……每个人因为自己的爱好、职业、性格、特长等被划归为不同圈层，人们融入和沉浸在各个圈层之中，创造着各个圈层所独有的语言表达方式、运行运作规则以及目标与价值追求，建立起专属于圈层内成员的文化城堡。

当前，青年群体中网络圈层化现象日益凸显，圈层化成为广大青年

---

① 费孝通. 乡土中国 [M]. 上海：上海人民出版社，2006：14.

重要和依赖的网络社交方式。在同质相吸的影响下，青年人的社交活动呈现出以兴趣、情感和文化等为纽带的特点，圈层成员因此而获得特定圈层交往带来的精神慰藉以及价值观上的认同感，找到个体在群体中的归属感，实现审美和情感共鸣，这在一定程度上推动了网络文化的发展。但另一方面，圈层存在封闭性、排他性、极端化、审美固化等问题，青年人容易把在圈子里看到的世界图景或现象当作真实世界的全部现实或趋势，因而导致价值观撕裂，对主流文化认同带来一定冲击，不利于多元一体的社会主义文化建设。

一、舆论圈层化的危害

当下，智能化技术的发展正在不断推进舆论的圈层化进展。智能化技术以算法推荐等方式，打破了网络舆论的传播常规，通过算法获得网民的关注与兴趣点，进而推送可能符合其兴趣、爱好的内容信息，这种技术上的赋能和改造加深了圈层化的架构模式，在一定程度上助推了网络舆论的圈层化现象。

首先，舆论的圈层化将导致受众接受信息的"窄化"。在圈层化传播语境下，因为兴趣爱好、行为模式和价值取向的相似性，青年人对于圈层内的信息往往具有很高的接受度和拥护度，而对于圈层以外的信息则具有较强的警惕性和排斥性。这种对于信息的倾向性将导致主流舆论的渗透和引导受阻，使得以文化和价值观为内核的网络圈层组织，难以接收不符合圈层文化特点的媒介产品在圈内传播，使得圈层群体信息日益窄化、固化。

其次，舆论的圈层化将导致当前形成相对一致的公共意见的难度增加。在网络空间中，一些在性格、爱好、职业、价值观和情感诉求等方面有着一定相似性的网民，往往会选择到网络社会中寻找和选取那些与自己在某些方面相一致或类似的群体或社区进行交流，而对于一些与自己意见不一致的群体或网络社区，他们往往选择自动忽略或视而不见。

因此，一些基于特定网络社群所形成的意见，其代表性通常是十分有限的，它们在很大程度上仅能代表这一具有较高同质性的群体或网络社群的公共意见，而不能成为相对一致的舆论公共意见。

第三，舆论的圈层化现象将导致舆论的表达趋于隐蔽化。传统上公共舆论的形成往往是基于一定数量的公民，在一个相对开放并且固定的社交空间中，通过公开发表个人意见、观点，并展开广泛讨论之后所形成的、内容相对一致的公共意见。但在圈层化的网络空间中，形成公共舆论的各个条件都发生了极大的变化。首先，作为舆论形成的主体，网民具有极大的流动性，他们在网络上的行踪即使隶属同一圈层，也会因为时间、空间或者其他原因而行踪不定。另一方面，基于网络的虚拟性和隐匿性，很多网民在公共领域或公共空间已越来越倾向于少发表意见或不发表意见，他们往往选择比圈层更加私密或者封闭的网络社群与社交媒体发表意见。于是从表面来看，舆论的河流可能风平浪静，但其内部可能已经波涛汹涌，甚至有可能引发一定的社会问题。

总之，舆论的圈层化现象在提升舆论传播效果的同时，也造成了一定范围内的舆论传播乱象。那些长期蛰伏在一个网络圈层、接收同一类型信息的人，其圈层价值观以及圈层传递的信息将对圈层人的思维与行动方式产生重大影响，有些甚至导致青年群体的网络圈层舆论与主流舆论偏离，导致舆论冲突和碰撞增加，给社会治理和舆情监管带来了一定的困难与阻碍。

二、舆论圈层化的治理

圈层作为一种新型的社会组织方式和社交方式，是网络社会再结构化的产物。[①] 青年人应对舆论的圈层化现象，首先需要提高自身信息素

[①] 陈龙，李超. 网络社会的"新部落"：后亚文化圈层研究 [J]. 传媒观察，2021（6）：5-12.

养，提高网络社群交往能力；要保持理性思考，实事求是、客观研判各类信息；要主动打破由现代社交媒体传播技术所导致的圈层化信息茧房，不断学习日新月异的信息化、数字化技能，只有这样，才能在网络社会中免于圈层化网络社交的桎梏。

一是要优选圈层。面对各式各样的圈层文化和网络上的海量信息，青年人要擦亮双眼，高效率甄别、筛选出有效信息，要主动融入积极向上且符合自身特点和偏好的圈层。面对社会亚文化圈中的一些"小众文化"，如"丧文化"，以及一些具有低级趣味的文化，如"恶搞文化"，要果断拒绝。要时刻保持清醒的头脑、理清事物之间的关联，积极投入现实生活、学习和工作之中，努力使自己真正成为物质充沛、精神丰富、情感充盈、兼顾时代与个人发展的新时代好青年。

二是要建设优质圈层。青年在使用圈层媒体时，要时刻保持正确的价值观，保持健康向上的心态，客观、真实、理性表达观点，不断自我审查与核实自己的发言是否偏颇、是否真实和情绪化，要有一定的批判精神与批评意识，同时要坚守自己的自由精神和独立人格，不要人云亦云，更不要因为他人、群体压力或者情绪等因素而受到影响和裹挟。看到圈层中出现的非理性或者情绪化的言论，要敢于批评或者提出自己的观点、看法，在依据充足的情况下要予以适时的引导。要帮助圈层成员打破由于社交媒体带来的信息茧房，带领圈层成员一起建设优质健康的网络社群空间。要突破固化思维，勇于创新实践，以新知识、新内容，对圈层文化进行"破壁"，再造圈层，推动圈层文化中的更多文化要素为其他圈层共享，促进圈层文化与社会积极文化互动互通。要勇于"破圈"，走出自己的舒适圈，激发圈层内在文化创造力，推动社会文化的多元化发展。

目前的网络社群通常较为松散，缺乏管理，未具备足够的自组织发展能力。要采取措施确保网络社群具有一定的开放性，成员之间要互帮互助，避免网络社群成员陷入自我封闭、坐井观天、夜郎自大的状态。

要建立起符合当今媒介环境传播格局和舆论环境实际情况的公共领域，推动网络社群增强自组织力量，进而提高其自我调节能力。

三是要利用技术力量。从技术层面上讲，作为圈层一员，要充分利用现代信息传播技术，如大数据、人工智能、区块链等，及时发现和定期清理由于社交媒体的技术特性所滋生的圈层化信息茧房，并针对相关网络社群及其中的网民个体进行技术干预，正确引导网络信息的畅通传播。要通过高科技传媒技术勘探和清理出那些潜藏在圈层底下的舆论暗河。要利用区块链与大数据、人工智能和情感分析等，了解和洞察圈层的民意诉求，从而有针对性地引导和治理舆论圈层化现象。要吸取圈层中有益社会发展的成分，剔除和引导解决圈层中对社会有害甚至危险的成分，必要时可以培植有一定话语权的圈层意见领袖，针对性地引导圈层化网络舆论的方向。

四是要建立公共规则。网络社区作为公共空间，健康有序的发展离不开一定的社会公共规则的规范和引导。目前，国家出台了一系列法律法规来管理和规范社交媒体或互联网群组，例如，《互联网群组信息服务管理规定》（2017 年）对微博群、微信群、QQ 群、贴吧群、陌陌群、支付宝群聊等互联网群组信息服务提供者提出了明确要求：建立健全用户注册、信息审核、应急处置、安全防护等管理制度，对互联网群组使用者进行身份认证，建立信用等级，保护个人信息安全；明确落实信息内容安全管理主体责任制，谁建群谁负责，谁管理谁负责；设定群组群规，依据法律法规、用户协议和群体公约规范群组成员的网络行为。

圈层化对网络舆论而言，是把双刃剑。在现有理论、技术与运行逻辑下，一方面，技术赋能的圈层化为网络舆论提供了"圈""层"并行的传播路径，且不断衍生出了圈层舆论、圈层传播以及圈层文化等新的圈层形态；另一方面，圈层化也诱发和加剧了对抗性网络舆论等乱象，冲击着既有的舆论生态。

充分发掘互联网平台的内在活力，同时杜绝圈层化舆论爆发，离不开政府主体作用的发挥，离不开青年的自律与他律，离不开社会各主体所做出的共同努力。

第三节　网络语境全球化的冲击

传播是一种信息的共享活动，是指社会信息的传递或社会信息系统的运行。传播的实现需要传受双方有共同的意义空间。人类的传播活动经历了口语传播、文字传播、印刷传播到电子传播、网络传播的依次叠加过程。网络传播实现了信息的远距离、快速传播，是人类传播史上的重大变革，开启了全球化社交传播的新纪元。

在数字化技术的推动下，人类已经实现了尼葛洛庞帝（N.Negroponte）所说的"从原子到比特的飞跃"[①]，"现行社会的种种模式正在迅速改变"[②]。互联网构成了人类社会新的社会形态，一个由各种网络接点连接而成的网络社会展示在世人面前，这个网络社会的形态是高度动态、时刻变化的，也是高度开放、自由共享的。在网络中，所有的节点只要有共同的信息编码，就能够联通起来；所有的人只要有当下相通的愿望与诉求，或者有共同的价值观、成就目标，就能够实现沟通，形成网络社会。

网络彻底改变了现行社会的种种运行模式，以短视频 app、微信、微博等社交媒体为代表的网络互动模式异军突起。美国麻省理工学院电脑科学实验室高级研究员克拉克（D.Clark）认为，把网络看成是电脑之间的连接是不准确的；相反，网络把使用电脑的人连接起来了。网络最大的成功之处不在于技术层面，而在于对人的影响。[③]网络社会是一个自

---

① 尼葛洛庞帝.数字化生存[M].胡泳，范海燕，译.海口：海南出版社，1997：13.

② 尼葛洛庞帝.数字化生存[M].胡泳，范海燕，译.海口：海南出版社，1997：3.

③ 郭良.网络创世纪：从阿帕网到互联网[M].北京：中国人民大学出版社，1998：162.

由、开放和共享精神盛行的、既真实又虚拟的社交空间。在这个空间里，每个人都不是单个的物质意义上的人，而是作为一种传播媒体有意或者无意地发挥着社交传播的作用。

网络人际互动的加强，助推了国际化社交媒体平台的风起云涌，全球化社交传播蔚然成风，越来越多的网民进驻脸书（Facebook）、推特（Twitter）、领英（Linkedln）、谷歌（Google）等国际化社交媒体平台。中国互联网络信息中心（CNNIC）发布的第 52 次《中国互联网络发展状况统计报告》显示，截至 2023 年 6 月，我国网民规模达 10.79 亿人，较 2022 年 12 月增长 1109 万人，互联网普及率达 76.4%。移动互联网应用蓬勃发展，国内市场上监测到的活跃 APP 数量达 260 万款；即时通信、网络视频、短视频用户规模分别达 10.47 亿人、10.44 亿人和 10.26 亿人，用户使用率分别为 97.1%、96.8% 和 95.2%。庞大的社交媒体用户群改变了信息传播的传统格局，形成了一种全新的信息生产与传播方式。地球上每一个拥有社交媒体的人，都是一个自由媒体人，都可以自由地制作、发送、分享和传播信息。全球化社交传播其时已至、其势已成。

一、全球化社交传播带来的影响

网络的触角遍及全球每一个角落，成为一种既远又近的沟通渠道。借助网络，人们即使足不出户，也可以"朝闻天下事"；即使不去学校，也可以通过网络下载课件，获取自己所需要的知识内容。人们通过微博分享各种见解，表达自己的意见、思想和观点；通过各种手机 app、门户网站，了解世界各地风土人情；通过各种各样的社交软件，随时随地在网上进行交流。就此而言，全球化社交传播给人类的生产生活提供了更多的便利和自由。

与此同时，全球化社交传播也把人类引入了一个信息爆炸的时代。面对网络上良莠并存、浩如烟海的信息，人们作何选择？大多数情况下，人们会选择自己最感兴趣、与自己关联度最大的信息。但由此造成的可能后果是，人们只去访问那些符合自己兴趣的网站，浏览那些迎合自己观点的新闻，搜索那些能够解决或者有益于解决自己问题的关键词，选择那些为自己量身定做的节目。这样的结局无疑使得原本应该是大众传媒的"广播"变成了网民个性化的"窄播"。

在社交媒体中，人人都可以自己决定和编辑信息传播的内容与形式，人人都可以将知识、经验、热情和智慧自由地融入社交媒体之中。每一个社交媒体用户都既是信息的接受者，又是信息的制造者和传播者。网络赋予它的每一个用户自由、主动地表达自己愿望、体验和思想的权利。在全球化网络语境中，每一个人每一天都可以生产众多的微内容，同时也消费着众多的微内容。这些微内容大多是个人对生活的个性表达，这些表达可以是积极向上的，也可以是消极悲观的，但都不影响其引发其他个体的深刻共鸣。网络社交传播正所谓"古登堡把我们所有人变成读者；广播和电视使我们成为第一手的观察者；复印件将我们变成出版者；因特网使我们成为记者、广播员、栏目写作者、评论员和批评家。"[①]

全球化社交传播超越时空、地域、国界和国家主权，实现了全球范围内的沟通交流、联络互动，具有虚拟性、开放性、快捷性、高效性等特性。这些特性一方面改变了人们的社交模式。另一方面，于真实世界之中，也构筑了一个宽广、自由的虚拟世界。

在这个虚拟的世界里，人类关系逐渐被"异化"，人与人之间的关系由"社会的"转变为"网络的"，由"真实的"转变为"虚拟的"。由此带来的人与人之间的诚信与契约精神也受到考量。在纷繁复杂的交往信息和交流人群中，人们传递着不同的交往目的以及交往诉求。这是一股裹挟着泥沙的洪流，冲击着同样代表着社会秩序的网络诚信。利益驱动和互联网的虚拟性导致各类自媒体乱象，网络谣言、虚假信息、电信

---

① 巴伦.大众传播概论：媒介认知与文化 [M].刘鸿英，译.北京：中国人民大学出版社，2005：359.

网络诈骗等网络违法、失信行为频发。

网络的开放性决定了互联网对于内容提供者所处的地域是不加任何限制的。全球任何国家、任何地区和部门，只需要将自己的服务器配置 IP 地址，就可以通过互联网对外发布内容、传播信息、传递观点意见。这种多元化的社交传播言论主体，从不同层面传递着全球不同文化背景下的文化与价值观念，潜移默化地影响或重塑着社会价值观。"人的价值观不是先天就有的，而是后天在一定的社会环境、社会活动中形成的。"① 当前，网络以及网络社交活动中充斥着各种不同价值观念和意识形态的信息，其真实性、可靠性难以判断，"垃圾信息"耗费了人们大量宝贵的时间，野蛮邪恶、低级趣味的审美取向也潜移默化地影响着人们的道德价值观。加上西方商业化文化产品铺天盖地，构筑起当下流行的意识形态，使得社会传播活动日渐"去中心化"，主流意识形态受到冲击，面临被弱化、消解，甚至曲解、挑战的局面。

就国际社会秩序而言，不同地域、不同文化族群的人们之间还存在着巨大的文化背景和贫富上的差别。在这样的现实背景下，国际上一些发达国家别有用心地利用全球化社交传播平台，对全球各民族人民进行着文化上的宣扬、渗透和控制；以文化全球化之名，行文化霸权之实，达成重塑其他国家人民及民族的价值观、行为方式、社会制度、文化认同，进而使之服从于其全球帝国主义统治的野心。全球化社交传播从某种意义上制造了一场发达国家与发展中国家之间在文化传播领域的没有硝烟的战争。纵观全球，当前世界的信息传播在很大程度上是西方化的，是忽视甚至伤害了广大发展中国家利益的。在国际视野下，发达国家的"信息垄断"与发展中国家所面临的"文化入侵"是全球化社交传播面临的主要问题所在。

---

① 袁贵仁. 价值观的理论与实践：价值观若干问题的思考 [M]. 北京：北京师范大学出版社，2022：131.

二、全球化网络语境的价值博弈

价值观是一定历史时期人们对于价值问题所持的立场、观点和态度。价值观渗透在人类现实生活之中，反映一定社会经济关系中人们的需要和利益，对人类行为构成内在的驱动力。当前，全球化浪潮作为一种客观趋势，推动着全人类的生存与发展，改变了社会生活与社会关系，也引发了各种价值观的碰撞与融合。

在全球化背景下，由于我国社会主义市场经济是一个对外开放的体系，西方国家的先进技术、资金和商品涌入我国的同时，西方国家的生活方式和价值观念也乘势而入。这种多元文化的涌入使人们原有的价值观念发生转变，由过去的一元价值观逐步向多元价值观转变。价值观决定了人们对于好坏、得失、善恶、美丑等的立场、看法和选择。价值观的多元化固然在一定程度上体现了人们自我意识的觉醒，但同时也呈现出一种整体向个体转变、神圣向世俗转变、精神向物质转变，甚至可能导致一种无序的状态。

目前，中国文化面临很多挑战。全球化背景下，中国传统价值观引起了各国政府的重视。德国学者乌尔里希·贝克（Ulrich Beck）认为，全球化引发了解民族化和解疆域化两大趋势。[①] 这期间，中国文化和西方文化互相渗透、转向。例如，在我国现行的公有制为主体、多种所有制经济共同发展，和按劳分配为主体、多种分配方式并存的社会制度下，个体如何取舍个人价值和集体价值、如何权衡物质利益和精神追求，反映了不同社会不同阶级的不同价值观。我国传统价值观建立在以自给自足为特征的自然经济基础之上，以家、国为本位，强调集体利益高于个人利益；当二者发生冲突时，要求舍生取义，牺牲个人利益、保全集体

---

① 晏青.中国文化全球传播的媒介逻辑与社交融入创新 [J].南京社会科学，2019（7）：111-119.

利益。而当代多元化价值观建立在市场经济之上，以自主、平等、竞争和开放为特征，人们不再盲目地认同集体至上，而是更加关注作为个体的人以及人存在的真实价值，这种自我意识的增长使得一部分人不顾集体、社会、国家和他人的利益，完全以个人利益为出发点，把经济利益当成了人生追求的重要目标，最终背离了我国重义轻利的传统价值观，形成了个人利益至上、取利忘义的个人主义价值观。

不同的社会价值观与其社会制度是息息相关的。资本主义制度下，人们崇尚拜金主义、享乐主义，主张个人利益至上，这是个人主义价值观。而社会主义制度坚持马克思主义指导思想，坚持以爱国主义、集体主义、社会主义为社会价值观的核心，这就决定了社会主义核心价值观的根本内容是"富强、民主、文明、和谐、自由、平等、公正、法治、爱国、敬业、诚信、友善"。

（一）全球化网络语境的文化殖民渗透

西方国家对我国的文化侵略由来已久，19世纪末，西方各国通过教会、学校、报刊书籍等途径，通过传教布道、开办学堂、慈善捐赠等方式进行文化渗透，推行其殖民主义的奴化教育，以达到淡化中华民族的民族意识和爱国主义思想的目的。

当今，世界正处于百年未有之大变局，全球化网络语境下的社会意识形态较量日益尖锐激烈。西方国家利用其先进的媒介工具，通过文化产业、学术理论、学术交流等手段宣传他们的生活方式、价值观念、意识形态以及宗教信仰等，企图在中国植入西方价值取向，篡改中国文化。他们在社交媒体平台上极力挑起中西方意识形态的对立，处心积虑渲染、炒作所谓"中国威胁论""中国崩溃论"，煽动国际社会抹黑社会主义意识形态，削弱中国主流意识形态。

就传播技术而言，当前为智能技术所支撑的全球化社交传播对西方国家的文化殖民渗透也产生了极大的影响。首先，算法推荐能够根据社交媒体用户的喜好提供个性化信息，使其形成"信息茧房"，进而形塑其情感态度和意识形态。其次，人工智能可以对目标人群进行靶向攻击，长期灌输、传播西方价值观念与生活方式，进而改变其政治认知和政治态度。

（二）全球化网络语境的意识形态治理

毛泽东同志曾说过："掌握思想领导是掌握一切领导的第一位。"[①] 意识形态对于一个政党、一个国家的重要性由此可见。当前，全球化社交传播时代兴起，网络成为舆论的主战场。网络社会对于人类社会意识形态的渗透力度越来越大。如何应对全球化语境下网络空间意识形态乱象以及人们价值取向的多元化态势，是当前培育社会主义核心价值观、发展中国特色社会主义事业的一项重大课题。

一是要着力培育社会主义核心价值观，强化其思想引领作用。全球化语境下网络空间意识形态治理首先离不开社会主义核心价值观的宣传和培育。培育社会主义核心价值观要兼顾国家、社会和个人三者的价值愿望。党的十八大提出的积极培育社会主义核心价值观，是对国家、社会和人民三者价值愿望的全面论述。其中"富强、民主、文明、和谐"是基于国家层面提出的价值要求，是中国特色社会主义的根本目标；"自由、平等、公正、法治"是基于社会层面提出的价值要求，体现社会主义制度和国家的政治主张；"爱国、敬业、诚信、友善"是基于个人层面对每一个中国公民提出的基本道德要求。培育社会主义核心价值观要形成上述"三位一体"的国家意志与全体人民愿望共融的共同价值追求，要倡导其成为全民共同遵守的价值标准。要用社会主义核心价值体系引领社会思潮，凝聚社会共识，要让大众切实明白中国共产党为什么能、马克思主义为什么行、中国特色社会主义为什么好。要密切与中华民族优秀传统文化相结合，打造中国风格、中国模式，提升全社会的民族自

---

① 毛泽东. 毛泽东文集：第2卷 [M]. 北京：人民出版社，1993：435.

豪感和民族归属感。要尊重公民的正当权益和多样化价值诉求，处理好当前社会现实与大众理想、价值观之间的关系，强化社会主义核心价值观的引领作用。

二是要顺应当前全球化、全媒体传播趋势，强化主流意识形态建设。社会主流媒体应顺应全球化社交传播的规律和特点，要以开放、互动的心态积极与世界主流媒体话语体系接轨。要积极在社交媒体平台上建构以社会主义核心价值观为主的主流意识形态话语体系，提升主流意识形态的社交传播效能。要致力于引导社交媒体平台参与主流意识形态传播，形成"主流媒体＋政府门户＋社交媒体账号"的传播体系，以发挥有效的传播与引导效果。要促进国际民众对中国的了解，将中国特色社会主义核心价值观、中国多元文化、中国传统文化等要素融入全球化社交传播之中，讲好中国故事，展示中国形象，弘扬中国精神，使中国特色社会主义核心价值观更好地引领人类社会风尚。

三是要推行教化与法治相结合，优化社交媒体生态环境。当前，社交媒体已成为一种文化现象，并对社会意识形态造成深远的影响。网络意识形态关系到国家安全、政府形象，关乎社会秩序和人民幸福。加强网络意识形态的引导，需要治理社交媒体生态。要进一步完善法律法规，通过法律和制度约束人们的网络行为，防范和打击一切社交媒体传播谣言、发布虚假信息，或煽动犯罪暴乱、进行网络欺诈或进行国际同类合作等行为。要有效发挥道德教化的引导作用，在全社会弘扬真善美、塑造健康清朗的网络社交文化。要整治网络社会中的泛娱乐化思潮，加强正确价值观的引领，弘扬中华优秀传统文化，提升中华文明的感召力、影响力。要切实提高社交媒体用户的信息素养和思辨能力，避免在社交媒体发布主观偏激的不实言论或低俗信息。要以法治与道德教化的力量，建立健全网络社交媒体生态治理的长效机制，防微杜渐，坚决制止一切西方国家利用社交媒体对我国进行意识形态渗透。

第三章 转型与创新:"平台驱动"的高校网络思想政治教育话语体系建构

　　高校的思想政治教育是一个常谈常新的话题。秉承"学生在哪里，思想政治工作就在哪里"的宗旨，新生代大学生是与互联网浪潮共生的一代，"网络思政"亦成为高校思想政治教育的一个重要领域。从 PC 端到移动端，从信息化到数字化，从虚拟技术到人工智能，当互联网技术和数字媒体技术迅猛发展，不断影响人类的生存和思维方式，改变学习和生活方式时，高校的网络思想政治教育工作也在不断求新、求变、求突破。进入新时代以来，以发布网络教育内容和组织网络文化活动为主的传统网络思政，已经不能适应新媒体技术的传播规律和新生代青年学生的认知喜好，也不能满足思想政治工作队伍对新媒体技术赋能教育教学的新期待和高校思政教育治理的新要求，一种新型的高校网络思想政治教育模式亟待探索，一种新型的高校网络思想政治教育话语体系亟待建立。

第一节　高校网络思想政治教育话语体系建构的目标导向、问题意识与系统思维

　　党的十八大以来，以习近平同志为核心的党中央高度重视高校思想政治工作，把高校思想政治工作提升到治国理政的全局性战略地位，习近平总书记围绕高校思想政治工作发表了一系列重要讲话、指示和批示，尤其是 2016 年以来，习近平总书记集中就高校思想政治工作发表了四次重要讲话①②③④，主要内容涉及高校思想政治工作的功能、作用和主要任

---

① 习近平.把思想政治工作贯穿教育教学全过程 开创我国高等教育事业发展新局面 [N].人民日报，2016-12-09（001）.

② 习近平.在北京大学师生座谈会上的讲话 [N].人民日报，2018-05-03（002）.

③ 习近平.坚持中国特色社会主义教育发展道路 培养德智体美劳全面发展的社会主义建设者和接班人 [N].人民日报，2018-09-11（001）.

④ 习近平.用新时代中国特色社会主义思想铸魂育人 贯彻党的教育方针落实立德树人根本任务 [N].人民日报，2019-03-19（001）.

务等，探讨高校思想政治工作关系到培养什么样的人、如何培养人以及为谁培养人；办什么样教育、如何办教育等根本问题。"把高校思想政治工作提升到培养社会主义建设者和接班人根本任务，提升到'立志于中华民族千秋伟业，必须培养一代又一代拥护中国共产党领导和我国社会主义制度、立志为中国特色社会主义事业奋斗终身的有用人才'的战略高度，把高校思想政治教育工作提升到学校立德树人的核心地位。"立德树人的根本任务为高校思想政治工作体系建设提供了基本遵循，也为网络思想政治教育的话语体系建构提供了方向和锚点。

一、目标导向：从"掌控话语权"转向"提升话语力"

米歇尔·福柯认为，话语即权力。[①] 具体而言，话语权是言说者对话语的支配和掌控能力。言说者以自己为中心，持"信息传递"观念，着重追求对话语资源的占有和对话语规则的制定等。与话语权有所不同，"话语力"不仅关乎是否发出了声音，更为重要的是发出去的声音能否被目标对象听进去，即鉴于话语的重要性，目标对象需要重视该话语并思考其对自己的影响。[②] 概而言之，"话语权通过话语资源的掌控对客体进行单向说服，以自己为中心，基于主体哲学；话语力则立足于主体间性，主张双向对话与互动协商，在求同存异中实现彼此认同，进而建立良好的关系。"[③]

高校的网络思想政治教育工作是一个持续发展的过程。自互联网兴起，后逐渐发展成为当代大学生学习、生活、娱乐的重要空间，高校的思想政治工作者就一直致力于在这个空间中建设思想政治教育话语阵地。

---

① 杨云霞.话语"权利"抑或"权力"：辨析与再认识[J].人民论坛·学术前沿，2021（6）：94-102.

② 赵启正.公共外交与跨文化交流[M].北京：中国人民大学出版社，2011：90.

③ 冯春海.从"话语权"到"话语力"：全媒体语境下"政府传播能力建设"路径探寻[J].新闻爱好者.2019（7）：46-50.

建设以思想政治教育内容为主题的网站，开发各式各样的思想政治教育APP，开通各类自媒体账号，创作具有网络风格的思想内容，在各类网络社群与大学生开展互动，等等。诸如此类，按照"话语权"的定义，思想政治教育主体对话语资源的占有和对话语规则的制定，是具有充分的掌控和支配能力的。从这个意义上讲，思想政治教育主体具有"话语权"。但从"话语力"的要求来看，网络思想政治教育的话语实践，是否入脑入心，形成影响力、感染力、说服力，对言说对象产生预期的干预、矫正、引导效果，是否通过话语互动，主体和对象之间进行精神交往和平等对话，建立主体间性关系，就话语内容及其承载的意识形态、精神价值体系建立认同，达成共识，尚有待提升。

生于 00 年代的新生代大学生更是自带数字基因的一代，是不折不扣的"数字原住民"，网络空间是他们惯于学习、生活、娱乐的场域，沉浸于其间的时间和精力有时候甚至比现实空间更多，因此也是思想政治教育不可回避的场域。而网络空间的开放性、网络环境的虚拟性等特点，使得思想政治教育同时面临新挑战和创新契机。

在高校肩负教育强国、科技强国、人才强国、文化强国的使命，落实立德树人的根本任务，培养"堪当中华民族复兴大任的时代新人"的育人大目标下，网络思想政治教育话语体系的目标也应从"掌控话语权"转向"提升话语力"，从"占有和支配话语资源"向"增强话语关注度与认同度"转变。在这一界定中，新时代网络思想政治教育话语体系的建构具有这样的特征：以"话语对象"为中心，坚持"关系构建"的观念，强调对话、协商与认同，注重话语影响力量和说服效果的形成。

二、问题意识：解决难点、痛点、堵点

在第二章中，著者分析了当前高校网络思想政治教育话语体系建设的问题语境和功能指向。网络思想政治教育作为一个教育场域，对上，承担着传导国家意识形态和主流文化价值观的责任；对下，关系到青年

亚文化、网络圈层文化的融合和治理；对外，面临全球化带来的意识形态风险和文化价值渗透、冲击和博弈；对内，面临着传统思想政治教育在教育内容、教育方式、教育载体、教育评价等方面的困境。这些作用于网络思想政治教育的外部压力，转化为话语体系内部建设的问题语境，则表现为各个话语要素和功能板块的短板、瓶颈和现实问题。

在话语主体层面，体现为思想政治教育的主体分散，各自为政，未形成协同机制和一致声音。在高校思想政治教育体系中，课堂内的思想政治教育课程之间，课堂外的社会实践、创新创业、后勤保卫、校园生活、文化娱乐、心理健康等各个学生管理服务体系之间，课堂内思想政治教学和课堂外日常思想政治教育之间，以及校内教育体系和家庭、社会等更为广泛的教育参与者之间，都存在缺乏充分联动的问题。但这些分散在各个自成体系的教育板块中的育人主体，参与、介入网络思想政治教育的程度是不一致的，对互联网和数字技术的掌握程度，对网络思想政治教育话语运用技巧的理解和掌握也不一致，由此产生话语主体整合协同的问题。

在话语平台层面，体现为思想政治教育的平台分散，教育资源、信息、数据存在按业务领域分割的孤岛和壁垒，未形成一体化整合和一站式集成的模式。高校的信息化、网络化、数字化建设是一个不断发展的重要领域，校园数字平台和数字环境的架构是教育数字化转型的"新基建"，但由于教学、科研、管理、服务等多个业务系统的垂直化、分割化管理，在信息化、网络化建设过程中，也是独自开发平台应用、创建媒体账号等，导致师生接受信息、获取资源、办理事务时，需要用多个账号登录，在多个平台之间跳转。当需要使用这些平台发声，传递思想政治内容和信息时，也就会出现多个平台杂乱发声、平台权威性差异、相互不统一、不协调甚至矛盾等状况。

在话语内容层面，大学生思想政治教育内容体系以理想信念教育为核心，以爱国主义教育为重点，以思想道德建设为基础，以素质教育推动全面发展为目标，包含理想信念，精神品质、能力素养等多个维度，具有丰富完整的要素，清晰衔接的层次。而思想政治教育内容体系向网络思想政治教育的话语内容转化，又是一个将抽象层面的理论内容和知识体系进行解码，再进行具象化、像素化的编码，使之适应网络语境的传播的过程。在这个过程中，由于上述话语主体、话语平台等的分散化和多元化，解码水平和编码能力参差不齐，风格不一，话语内容的转化就很容易出现说教化、枯燥化、片面化、肤浅化等现象，容易出现庞杂的声音。

在话语方式层面，思想政治教育话语方式是话语主体在尊重教育对象思想政治素质形成和发展的客观规律的前提下，依据话语情境将话语内容传递给话语客体的途径和形式。① 以课堂教学为主的传统思想政治教育话语方式是以教育者为中心的，独白式、抽象化的方式，偏重理论知识和价值观念体系的传导，与大学生能够切身体会的具体现实、日常生活贴合不紧，难免呈现枯燥乏味、抽象晦涩的特征，因此，其往往缺乏亲和力和针对性，难以调动教育对象的兴趣和学习积极性。而娱乐化、圈层化的网络文化，则是一个更具开放性、包容性的话语环境，且存在一套新生代青少年们熟谙的独特话语和审美规则。思想政治教育的话语主体要融入新的教育空间，必须学会话语方式的通俗化、趣味性、亲和力转化。

在话语对象层面，新生代大学生是深受互联网文化影响的一代，网络文化的互动性、开放性、个性化培养了他们崇尚自由、平等、正义、民主的个体意识，为他们广泛获取各种多元文化信息和内容提供了便捷途径和渠道，也养成了他们不满足于被动接受，而是倾向于表达、互动、反馈的主观能动性和话语自主权。因此，从思想政治教育作为对象化的活动这一角度来看，这些教育对象在很大程度上是具有"主体性"的教

① 徐海波. 提升思想政治教育话语亲和力 [N]. 吉林日报，2019-11-18（6）.

育客体。教育主体还需要更深入地了解他们的认知、情感、价值和行动，以更平等的姿态、更独立的人格、更亲切的方式与之沟通、交流和对话，才能实现理想的话语沟通状态。

三、系统思维：建立"平台驱动"的高校网络思想政治教育话语体系模型

系统论、信息论、控制论（简称"三论"）是随着现代科学革命和技术革命的蓬勃兴起，在第二次世界大战以后几乎同时诞生的横向学科。它们从不同侧面揭示客观物质世界的本质联系和运动规律，系统论提出系统概念并揭示其一般规律，控制论研究系统演变过程中的规律性，信息论则研究控制的实现过程。三者各成体系，但又互相交叉，互相借鉴，协同开展，共同成为丰富和开展辩证唯物主义哲学，解决复杂的科学、技术、经济和社会问题的一套重要概念和方法体系。系统是一组相互连接的事物，是在一定时间内以特定的行为模式相互影响的整体。任何一个系统都由三个要件组成，即要素、连接（关系）、功能和目标，这里面有三个层次：最底层是各种要素，上一层是要素和要素组成的关系网络，而顶层是系统的目标和功能。

运用系统思维来考量高校网络思想政治教育话语体系，在新一代信息技术背景下，话语体系的建构也呈现为由多维要素相互连接影响的系统结构，且这种系统结构是建立在一个"平台型媒体"的基础上。2014年，美国社交媒体网站创始人乔纳森·格里克（Jonathan Glick）提出"平台型媒体"的概念，用于描述那些不仅具有信息发表和呈现功能，还建立了全新的传播规则，降低用户的准入门槛，开放平台资源端口，实现了信息的良性互动和传播的平台。① 平台型媒介作为多功能、复合型的连接式媒介，具有吸引资源要素、搭建连通桥梁、激活关系链条等作用。

---

① 喻国明，焦建，张鑫."平台型媒体"的缘起、理论与操作关键[J].中国人民大学学报，2015，29（6）：120-127.

高校网络思想政治教育主要以校园数字平台、校园新媒体矩阵等各种校内资源、信息、业务平台为渠道，并联通开放性的主流媒体、商业媒体、亚文化场域等互联网空间来开展。很大程度上，网络思想政治教育话语功能实现的载体工具是一个"平台型媒介"，话语平台的系统搭建是新型话语体系形成的基础性要素，是影响话语主体、对象、内容、形式等其他要素集成和相互关系作用的驱动型因素，也是话语系统与外部生态进行互动交换的连接性通道，因此，本书提出以话语平台的建构为出发点，建立"平台驱动"的高校网络思想政治教育话语体系模型（图 3-1）。

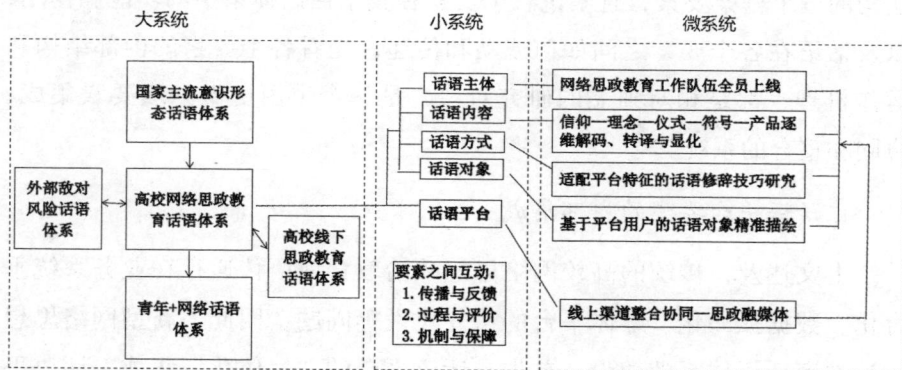

图 3-1　"平台驱动"的高校网络思想政治教育话语体系模型

　　图 3-1 中，以话语平台为起点，传递各类思想政治教育话语的线上渠道整合协同为思政融媒体，一个互联互通、敏捷响应的"平台型"思政媒体系统将作用于其他的话语要素，产生牵引聚合的驱动力量。例如，话语主体的整合协同、话语内容的解码转化、话语方式的修辞技巧、话语对象的精准描画等，实现"平台要素"驱动的各个话语要素内部的"微系统"集成和重塑；进而是"平台机制"推动的各个要素之间的互动作用和间性关系生成，话语主体、话语内容、话语方式、话语对象、话语平台等五个框架要素相互作用、有机融合，此间的传播与反馈、过程与评价、机制与保障等完成流程再造，形成主客协商、适应、对话的传播

话语体系，构筑高校语境中的"传播—反馈"自循环小系统；在此基础上，以"平台通道"为底层架构，高校网络思想政治教育话语体系将与外部的国家主流媒体话语体系、青年网络话语体系、外部风险话语体系、传统线下思想政治教育体系等之间，进行相互对接、传导、流动、嵌入，从而生成、演化出生态型大系统。

（一）第一层级：微系统——"平台要素"支撑各要素内部集成

话语主体、话语内容、话语方式、话语对象、话语平台是话语体系建构的五个框架要素，且不论各个要素在整个话语体系中的功能和作用，以及话语在各个要素之间如何流动和传递，先看各个要素的内部结构和运作机理，都是相对独立的研究对象，是一个个由更微一级要素集成、协同和整合的系统。

1.话语平台要素的内部集成

上文述及，传统的高校网络思想政治教育话语传递存在业务系统垂直化、数据孤岛化、媒体平台的重复建设等问题，因此，新型网络思想政治教育话语体系的建设，首先是话语平台的"一体化"集成。话语平台的集成式建设，主要通过平台功能的集成来实现。当前，国内高校都在进行校园数字平台建设，同时也积极探索利用数字平台创新开展思想政治教育。一个一体化的校园数字平台和媒体系统集成，必然是将曾经分散在多个平台系统、媒体界面的各种教学科研、管理服务、信息发布、资源获取等功能进行集成，将覆盖师生教学、学习、生活等全方位、全过程的数字应用和媒体使用进行集成，包含了信息平台、资讯平台、学习平台、文化平台、生活平台、娱乐平台、事务平台、数据平台、管理平台、监测平台等多维化的平台功能集成。

从学生界面看，是一站式综合事务大厅、一键达到的需求反馈、高关联度的资讯传递、随时学习的云端教室、精准滴灌的网上党校、支持个性的第二课堂、每月主题的文化活动、班集体的专属社群、个人成长的数字档案等使用功能的集成；从管理界面看，是全校业务数据集成、事务流程线上简化、信息资讯精准发布、教育资源二次共享、思想教育润物无声、全员参与网络育人、信息支撑精细管理、数据提示决策响应、学生画像精准描绘的治理功能的集成。高校数字平台和媒体矩阵，首先是一个互联互通、实时反馈、智能互动的信息系统，进而转化为精准思政平台、思想引领平台、高质量服务平台、校园文化平台，在此基础上，平台系统再转化为思政话语渠道和阵地、思政教育空间和场域，形成一致发声的"思政融媒体"平台体系。

2. 话语主体要素内部集成

在很大程度上，网络思想政治教育的话语主体与思想政治教育主体重合，即思想政治教育的发起者、实施者和参与者。在"大思政"的理念下，思想政治教育主体也是一个多元化、集合性的概念，强调课堂和课外、教学和日常、校内和校外等多元主体的协同育人。同样，网络思想政治教育的话语主体也是一个包含多元话语者的整体性概念，高校内部的思政课程教师、学科专业教师、辅导员和各类管理服务人员，校外的主流媒体和社交媒体运营者、社会舆论发声者等，都可能成为网络思想政治教育的话语者。

从协同育人和一致发声的目标出发，就需要一个中介化平台和连接式网络，对这些分散的话语主体产生汇聚和黏合作用，利用数字平台和媒体矩阵的信息共享与场景支持，通过数据线索、资源交换和任务协同等，支持、吸引、拉动各级、各类思政主体全员上线，在教育主体层面，实现校内各级各类管理部门育人主体之间、专业课程教师与学工思政队伍之间、校内主体与校外主体（家长、用人单位、社会组织等）之间的信息及时互通，思政教育方向趋同，从而形成多元主体的话语合力。从这个意义上看，一体化集成的话语平台更有利于形成扁平化、连接式的场域，实现多节点之间的关系激活、资源流通和互动生成，促成话语主体的整合和协同，即平台要素支撑主体要素的内部集成。

3. 话语内容要素内部集成

陈先红提出"讲好中国故事的文化五元话语体系"，以习近平新时代中国特色社会主义思想为出发点，从文化信仰、文化理念、文化仪式、文化符号、文化产品五大文化维度，建立具有稳定文化系统结构的"中国文化五元话语体系"。其中，文化信仰、文化理念构成内隐的精神文化层，文化信仰是精神文化的骨头，文化理念是精神文化的血液；文化符号、文化产品构成外显的物质文化层；文化仪式构成居间性的制度文化层，这五个要素三个层次共同构成一个有机完整的中国故事元话语系统。[①]

从思想政治教育内容体系到网络思想政治教育话语内容的转化，也可以参照"中国文化五元话语体系"的结构和机理。首先，思想政治教育要传递的马克思主义政治信仰、中华民族文化信仰等是网络思想政治教育话语体系中最核心的部分，其次是以社会主义核心价值观为主导的文化观念、思想理念、道德行为准则等，信仰和理念共同组成了思想政治教育话语内容的内核层次，而适应网络文化规则和风格的仪式、符号、产品则依次组成网络思想政治教育话语内容的外圈层次。从内核层次到外圈层次，思想政治教育内容经过一个逐层解码、转译、显化的过程，最终变成适应网络文化语境的文字、图像、视频、音频、数字互动程序和应用界面等多模态数字文化产品。在"说什么"的话语内容维度上，高校思想政治教育内容实现了在网络化媒体、数字化平台上的话语迁移与再生。

4. 话语对象要素内部集成

在传统的网络思想政治教育环境中，由于信息平台和账号的分散化，

---

① 陈先红. 中华文化的格局与气度：讲好中国故事的元话语体系建构 [J]. 人民论坛，2021（31）：31–35.

教育对象也是分散的、虚拟的、匿名的个体，他们"游牧"于各个网络平台，获取各种碎片化信息和内容，或者受到商业平台的个性算法推送的影响，受到"信息茧房"的控制。以校园数字平台和媒体矩阵为基础的思想政治教育空间，基于数据分析和场景支撑，可以将特定真实校园的学生群体拉入特定的教育场域，用全方位覆盖的场景应用黏住学生，用动态灵活收集记录的全过程数字轨迹反馈学生。通过这个过程，完成对特定话语对象群体的空间集合。

平台要素除了支持话语对象的空间集成，还可以进行特定思想政治教育对象的精准识别。在一体化校园数字平台和连接式媒体矩阵中，网络思想政治教育的话语对象首先是"用户"的身份，且具有可识别的数字身份、可追踪的数字轨迹、可视化的数字画像。数字技术对平台用户的精准描绘，可以帮助实现对话语对象的思想状况和教育需求的精准识别和锁定。例如，数字平台的分析功能，可将学习成绩数据、体育测试数据、图书馆访问记录、校园消费数据、宿舍门禁数据等各种数据与学生的行为特征和思想状态高度关联，一个学生异常行为预警的数据分析模型，可以通过监测学生的食堂用餐次数、进出宿舍次数以及非正常时间进出校门次数，判断观测对象是否存在不吃早餐、"宅"在宿舍以及生活习惯不规律等问题，再结合体测情况与月均用餐消费情况以及进出寝室次数进行关联分析，可研判关注对象是否参加校园文化和社交活动、是否存在家庭经济困难等回避型、隐藏性信息，进而有针对、有策略地实施帮扶关爱行动。

5. 话语方式要素内部集成

在网络文化语境中，思政话语需要使用特定的"话术体系"。独特的暗语体系、审美规则、组织机制、仪式空间等，是诸多网络亚文化、青年亚文化的圈层壁垒，也是社群内部的通行准则，是各种兴趣社群、圈子识别同好的标识元素。熟悉、理解、掌握并能运用这些圈层文化生产的话语方式，是破壁的密码，是真正抵达与体验话语对象文化实践的路径。一方面，话语主体进入网络文化的工具语境中，学习青少年的话语表达与交流规则，进行嵌入群体内部的文化实践；另一方面，这些"话术体系"也是提取蕴藏在网络文化中的创新趣味的工具，将其嵌入主流文化生产中，反过来创作出对青少年具有标识度与吸引力的文化作品。

这种对亚文化规则与趣味的加冕与征用①，在对工具语境的嵌入与语境工具的反嵌中，较能形成同在一个交流界面的认同。在链接式、开放式的网络思想政治教育平台上，一方面沿用传统思想政治教育中好的话语方式，另一方面也认同、兼容、借用这些网络话语方式中的可取之处，双方协商、兼容，从而共同集成出一套新的话术体系。

（二）第二层级：小系统——"平台机制"推动要素间互动关系生成

话语的流动从话语主体出发，编码特定的话语内容，以特定的话语方式为形式载体，以特定的话语平台作为媒介载体，传递给话语对象，话语对象接收后，进行内化、外化和反馈，从而形成"传播—反馈"的闭环。在传统的线下思想政治教育体系中，由于教育主体的权威、中心地位，思想政治教育内容的传播仍然以单向传授为主，积极有效的"传播—反馈"并未得到充分鼓励；而在以往以开放性网络空间为阵地的思政场域中，虽然教育主体的中心地位也被打散，教育对象具有互动通道、拥有发声权利，但过于开放的匿名性网络环境和众声喧哗的噪声干扰，并不利于形成精准互动和有效反馈。基于校园数字平台和媒体矩阵建设的网络思想政治教育话语体系，特定的"平台机制"将推动主客要素间互动和关系生成。

---

① 房欣．以偶像为中介：主流意识形态对粉丝文化的"嵌入"路径研究 [J]．东南传播，2021（3）：1-3．

1. 平台互动机制推动话语传播与反馈

媒介技术的历次发展，都带来了人类交往方式的变革。互联网和数字技术提供了越来越智能化的中介媒介，突破人与人之间交往的时空局限和物理维度，远距离、非即时，乃至模拟虚拟场景、想象全息场景、数实融合中的互动，成为当代人正在逐步实现，并逐渐习以为常的交往方式。总的来说，区别于古老的人与人之间的面对面交流方式，现代媒介带来的是"人—机—人"互动模式，即人与人之间通过机器、屏幕、界面等媒介化工具进行连接，产生关系。且随着数字技术、计算机算法的智能化发展，人类交往主体之间的机器中介也日益智能化，成为人类主体的数字代理，甚至成为能够进行深度学习、自我进化的智能主体。在这一趋势下探讨平台互动机制对思想政治教育话语传播的赋能，即是探讨数字化媒介平台的中介化、智能化功能，如何促进思想政治教育话语的传播与反馈。

以界面为触点的中介化互动，通过"指尖＋屏幕"的渠道，去接触世界和进行人际交往，对于习惯于网络生活的当代人，尤其是在数字环境中成长起来的新生代教育对象而言，是一种比现实社交场景更具有亲近感、安全感、认同感、归属感的生活方式。利用数字媒体和网络界面的中介化优势，展开思想政治教育的话语传播与互动，有助于消解新生代教育对象对教育者（如思政课教师、辅导员、学生工作人员等）的刻板印象、对教育内容、教育过程的反感和抵触，也有助于针对一些在线下或面对面沟通中难以碰触的敏感、尴尬问题（如学生的个人隐私、家庭经济条件、奖惩助贷、身体健康和心理问题、各类难以启齿的负面情绪等），进行更深度的交流和引导。也就是说，教育者利用虚拟身份和界面中介，可以更好地融入教育对象的生活世界和关系网络，基于平台的中介化互动，可以使思政主体隐形化、思政客体主体化，通过以数字身份展开的互动，形成思想政治教育的敏感回避区、情绪"蓄水池"、现实"缓冲带"，从而实现思想政治教育话语"传播—反馈"的深度广度和良性循环。

2. 平台评价机制保障实施过程与效果

在传统的线下思想政治教育模式中，思政育人质量与思政工作成效难以量化、评价模糊，且缺乏利用成效指标反馈教育过程、促进工作创新的评价激励机制，从话语视角展开的教育过程与效果更是难以控制和评估。基于校园平台和媒体矩阵建设的网络思想政治教育体系，以大数据为技术支撑，在基于特定真实校园场景的大数据库基础上，可以进行整体性分析、差异性分析、动态性分析和关联性分析，以及使用聚类分析、时序分析、回归分析、情感分析、语义分析、社交网络分析等多种方法，以期实现全面、立体、系统的数据画像和精准分析。

在教育学中，"形成性评价"是在教育过程中为改进和完善教育活动而进行的对教育教学过程及结果的评价，其注重评价结果的应用性、反馈性，以及通过评价结果刺激过程重塑的循环性。校园数字平台的数据分析和应用可支撑这样的"形成性评价"，即通过评价指数生成与反馈机制建设，建立一个覆盖十大育人体系"全方位全过程"、思想教育主体工作成效与学生成长成才质量"双向度"、思政过程与育人结果"双维度"的"思政指数"体系，充分运用数据的科学与理性，发挥数据的思政价值与反馈作用，有效支撑话语传播过程的实施与话语效果的评价。实现对教育主体和思政对象的双向刺激反馈：从学校育人向度，生成育人成效指数，为课堂教学与课外思政提供效果评估，进行精准干预，循环驱动流程再造与体系创新，改进思政话语传播过程；从学生成长向度，生成成长成才指数，为学生心理与行为提供精准激励，为对象的成长提供正向刺激，激发内生动力，提升思政话语传播效果。

（三）第三层级：大系统："平台通道"链接上下内外话语生态体系

在完成各话语要素内部的微系统生成，以及框架要素之间的话语互动关系生成的基础上，以平台要素为底层通道，高校网络思想政治教育话语体系将作为一个复杂动态、自主运行的"有机"系统，与外部的国家主流话语体系、青年网络话语体系、线下思政教育体系、外部风险话语体系等外部系统之间产生传导、嵌入、创新、抵御等关系，联动共生，从而共同形成"大思政"理念下的话语生态。

1. 传导国家主流话语体系

话语体系蕴含着文化基因和价值取向，体现了一个国家的软实力，决定着一个国家主流意识形态的地位和国际话语权的强弱。当代中国的主流话语体系是具有中国特色的马克思主义话语体系，即新时代中国特色社会主义话语体系，包括对内的主流意识形态话语权及对外的国际话语权。面向新生代青少年对象的思想政治教育，承担的是对内的主流意识形态话语传导与灌输的任务。网络思想政治教育话语体系作为思想政治教育在数字化新时代的一个重要创新领域和途径，自然也承担着准确传导国家主流话语体系、将"话语权"转化为"话语力"的使命。

但从客观上看，新时代中国特色社会主义话语体系首先是政治理论话语，是传播政治理念、阐明政治主张、巩固政治认同的话语体系，其政策性、理论性、规范性、指向性、稳定性都比较强，给青少年以严肃刻板、枯燥说教的印象；其次是学术话语，是基于马克思主义哲学和社会科学体系的理论话语，是从具体的实践中抽离出来的学术话语，抽象性、概括性、理论性、思辨性特点鲜明，容易给缺乏理论基础、社会阅历的青少年带来理解门槛和障碍。而在网络空间中，天然形成和广泛"流通"的是大众话语和网络话语体系，是青少年群体在日常生活、人际交往和文化娱乐中进行交流所使用的语言，浅显易懂、生动活泼。网络思想政治教育话语体系置身于网络语境中，具有整合这两类话语资源的天然优势，即利用大众话语和网络话语的传播优势，传递、转译、放大、扩散政治话语和学术话语的真理性、科学性、理论性、权威性，最大程度弥合沟通障碍、凝聚思想共识，深入推进中国特色社会主义理论体系的通俗化、大众化、口语化、普及化、网络化，扩大传播面和影响力，让党的创新理论深入人心，增强全社会对主流话语的理解和认同。

2. 嵌入青年网络话语体系

一代人有一代人的文化，每一代处于青春期的青少年，都会发展出与其父辈抵抗、区别于当时的时代主流的亚文化，而生于网络时代的新生代青少年，其亚文化也具有鲜明的网络文化特征。当前，各种网络圈层亚文化的主体大多是熟悉掌握网络应用和数字技术的青少年，例如，熟谙各种"火星文"一般的网络用语，热衷于利用各类层出不穷的社交媒体进行表达分享和社会交往，擅长图像、音频、视频等网络内容的制作和生产等。也就是说，"青年"和"网络"两种亚文化特征天然地交织一起，共同生成具有打破圈层壁垒、反哺主流时尚、影响大众流行的文化能量。

网络思想政治教育主体面对的话语对象，就是这些网络化生存的新生代青少年，网络思想政治教育话语体系置身的具体语境，就是这样一个具有"青年"和"网络"双重属性的文化场域。因此，网络思想政治教育话语体系与青年网络话语体系是"嵌入"和"反嵌"的关系。"嵌入性"的概念由匈牙利政治经济学家波兰尼（Karl Polanyi）首次提出，主要指经济是如何嵌入并交织在社会与政治制度之中的问题，后经美国社会学家格拉诺维特（Mark Granovetter）将其进行延展，提出"社会嵌入"的假设。其后"嵌入"概念逐渐被扩散应用于社会各领域的理论与现象解释，尤能描摹"一个系统有机结合进另一个系统之中或者一事物内生于其他事物之中的客观现象"①。通过主体、对象、内容、方式、结构、关系等多维度的嵌入，以及充分发挥青年网络文化作为后喻文化的参与性、敏捷性、创造性等优势，网络思想政治教育话语与青年网络亚文化要素进行彼此协商与有机融合，从而营造出良性对话的话语生态。

---

① 侯仕军. 社会嵌入概念与结构的整合性解析 [J]. 江苏社会科学，2011（2）：86-94.

3. 创新线下思想政治教育体系

以课堂教学、社会实践、校园活动、日常管理等为主的传统思想政治教育话语体系一直面临如何提升时效性、针对性、实效性的问题。例如，育人主体缺乏协同、各自为战，面对动态多变的学生思想行为情况，应急后处置多于前置性预警，育人干预不及时，思想政治教育呈现出滞后性；师生之间存在需求错位、思想认识隔阂、表达话语差异，学生学情不清楚，思政课堂出现"空场"现象，课堂课外出现断点与两张皮；思政育人质量与思政工作成效难以量化、评价模糊，缺乏利用成效指标反馈教育过程、促进工作创新的评价激励机制，思想政治教育存在自发性、单向性、随意性、盲目性，入脑入心的共鸣不够等。基于校园数字平台和媒体矩阵的网络思想政治教育话语体系建设，反过来促进传统思想政治教育话语体系的创新。思想政治教育的现代化体系建设是必然趋势，而在教育数字化转型趋势背景下，数字赋能的网络思想政治教育理应是思想政治教育现代化体系的重要组成部分，也是传统思想政治教育寻求创新性发展的重要路径，不仅数字载体、虚拟空间、智慧平台可直接转化为全员、全方位、全过程育人的思想政治教育载体，还将促进思想政治教育话语体系的互动创新和场景创新。一是促进思政教学课堂话语的互动创新。数据集成与分析提供的学情与精准反馈，可以让学生在校期间的全方位行为数据为课堂教学服务，面向新生代学生学习环境，实现思政课程的理论教学、实践互动等的创新，探索数字文化与思政话语之间的连接转换，为青年学生提供有思想深度、时代厚度、人文温度和青春热度的思政教育内容与互动沟通方式。二是促进日常思政教育话语的场景创新。利用数字平台的信息共享与场景支持，各级思政主体全员上线、开展多维师生互动，可让课堂外的数字生活场景变成第二个思政课堂。以数据为线索，实现课内思政教学与课外思政工作的协同衔接，实现课内到课后、学习到生活、入学到毕业、毕业到就业的全过程育人链条贯通。

4.抵御外部风险话语体系

当今世界处于世界多极化、经济全球化、文化多样化、社会信息化的发展趋势，与经济扩展紧密相随的，是价值观输出和文化渗透。自改革开放以来，我国一直面临着外部文化和西方价值观的冲击。这种影响往往首先呈现为民间社会和网上虚拟空间的非主流话语形式，其以一种开放、民主的自由言论出现，继而以潜移默化的方式进行更深、更广的社会面的渗透。青少年大学生正处于精神信仰和思想观念的形塑关键期，世界观、人生观、价值观都未定型，但其又是最广泛接触各类前沿信息、最易受各种思潮影响的人群，面对外来文化的影响渗透，网络思想政治教育话语体系建设也越来越表现出渠道的多样性、方式的主动性、手段的先进性、内容的隐蔽性、修辞的技巧性。

建设一个网络思想政治教育话语体系，就是建设一个能够抵御外部风险话语体系的"能量场"。话语要素系统化生成的关系和作用，形成话语力，指向思政主体的聚合和协同，思政过程的精准和再造，思政对象的干预和引导，最终形成向上向善的生态牵引力，用"话语场"的正能量对抗、防范、抵消外部风险话语体系的负面影响。

第二节　"平台驱动"的目标适配性与问题解决可能性

数字媒介平台作为高校思想政治教育话语传送的重要载体，是整合多元化话语主体、聚合多样性话语资源、连接话语主体和思政对象的中介和桥梁。"平台驱动"的网络思想政治教育话语体系，究竟能在多大程度上解决当前思想政治教育中存在的问题，实现"提升话语力"的目标？可以从目标适配性和问题解决可能性的角度来反观这一系统假设，"平台驱动"的实质是技术、信息、数据、网络的驱动，是运用新一代信息技术以及随之而来的新观念、新思维、新方法论，对话语主体、话语对象、话语内容、话语方式、话语载体等系统要素进行重塑，对话语互动、话语生态等过程和环境要素进行改造，从而实现"话语力"的生成和演化过程。

一、更丰富的话语关系

以数字信息技术、校园媒体网络为底层平台架构的网络思想政治教育话语体系，能够聚合曾经分散在高校各个思想政治教育工作领域的教育主体，增强他们之间的协同性，同时能够聚合曾经游离于开放式网络空间中的教育对象，使教育活动的开展更具针对性、精准性。在此基础上，更多元的话语主体和更精准的话语对象之间，将生成更丰富的话语关系。

思想政治教育活动首先是一种对象性活动，即教育主体根据社会和教育客体需要，有目的、有计划、有组织地施加思想影响并实现改造客体的目的的实践活动。在这个层面上，教育者和受教育者之间就存在着对象性关系，教育者是实施改造的主体，受教育者是接受改造的客体。思想政治教育者和教育对象之间的"主体—客体"关系一直是一个备受关注的话题，由于双方年龄、身份、知识、经验、经历等方面的差异性，自然形成教育主体的权威性和学生客体的被动性，并影响思想政治教育活动的有效开展。因此，如何培养教育对象的主体性，激发其内生动力，将教育主体的"价值引导"成功转化为教育对象的"自主建构"过程，也一直是思想政治教育研究的重要课题，即教育者和教育对象之间的"主体—主体"互动型关系，也越来越受到关注，教育对象的"客体主体化"逐渐成为共识。

但是，"主体—客体"之间的对象性活动，以及"主体—主体"之间的互动型关系，并不是非此即彼的关系，而是彼此共存共促的，对象性活动保障思想政治教育作为思想改造行为的目的性，互动型关系促进其作为人与人之间精神交往方式的自由性。从话语建构的视角看，就是要充分发展教育者和教育对象之间的话语关系，既有话语主体对话语对象的言说，同时也要注重话语对象的认知和接受、反馈和评价，以及作为另一个话语主体的发声。网络思想政治教育的技术、平台、机制、语境等条件，能够促进上述双重话语关系的建构，既能在"上对下"的师生关系中，实现教育主体对教育对象更精准的价值引导，又能创建"我和你"的朋辈关系，实现教师主体和学生主体之间的平等互动和自由交往。既有"我说你听"的传导和引导，又有"你说我听"的反馈和反哺。两种话语关系并行不悖，相互融合，共同促成思想政治教育"话语力"的生成。

二、更平等的话语交往

习近平总书记指出："思想政治工作从根本上说是做人的工作，必须围绕学生、关照学生、服务学生，不断提高学生思想水平、政治觉悟、道德品质、文化素养，让学生成为德才兼备、全面发展的人才。"[①] 思想政治教育从根本上说是对人的教育，是实现人的全面发展。那么，思想政治教育话语的体系构建和功能价值，最终也将指以话语为载体的精神交往。因此，不论是"主体—客体"之间的对象性活动，"主体—主体"之间的间性关系，都能促进话语双方的彼此沟通、自我重塑以及马丁·布伯（Martin Buber）所倡导的"我与你"的对话。

而这种真正意义上的话语交往要在思想政治教育话语主体和话语对象之间发生，不仅仅需要双方的交往意愿和动机，还有赖于一个具体的话语传导系统，即把抽象的思想政治信仰和理念仪式化、符号化、产品化的具象化的话语内容，一个更接近话语对象认知方式、情感模式、行动逻辑的话语方式，以及一个话语对象惯于停驻、赖以生存的媒介通道、触点界面。在网络思想政治教育话语体系中，社交化、数字化、娱乐化

---

① 中共中央文献编辑委员会. 习近平著作选读：第 1 卷 [M]. 北京：人民出版社，2023：540.

的平台语境就提供了这样一个具有天然优势的传导系统：故事化、游戏化、互动化的话语内容，比传统课本教材体系的语言文字描述更具形象性和生动性；流行化、圈层化、小众化、标签化的话语方式，比注重知识规范和语言逻辑的话语表达，更具接近性和"破壁"力，而数字平台、应用界面、社交网络、虚拟场景等，本来就是新生代大学生长时间停驻，甚至感觉比现实世界还亲近的"时空"场所。在这样的介体和环体中开展的话语实践，借由丰富的网络话语资源和文化氛围，思想政治教育主体可以摒弃掉严肃的说教面孔，通过话语置换、协商和融合，消解教师与学生之间的主客抵抗，跨越父辈与朋辈之间的代际鸿沟，开展能够触发有效反馈、引起深度共鸣、促进主体内化的话语交往。将数字互动充分转化为话语交往，教育主体成为兼具引导者身份的同行者，从而将强制性、灌输性的"令行禁止"教育，转向对教育对象的柔性指引。

三、更深层的话语认同

"认同"问题是一个广泛的研究领域，涉及个体层面的自我建构和社会融入，以及群体乃至国族层面的情感结构和文化身份等。"认同"研究广泛渗透于哲学、人文、社会学科，"认同"理论也是一个驳杂的体系。这里提出的思想政治教育话语认同，主要指网络思想政治教育话语体系能够形成"话语力"的实现路径，即通过话语传导能够实现的"认同度"。思想政治教育效果的重要体现，是教育对象产生知识理念、精神价值等的"内化"和实践、行动的"外化"过程。教育对象对思想政治教育话语的认知、理解、接受、认同过程，就包含在"内化"过程中，并且影响、促成着"内化"过程的良性、持续发生。

思想政治教育"话语权"到"话语力"的转化，就是从传播到认同的转向。"话语权"更多强调话语主体的发声权、阐释权，"话语力"则更多关注话语对象的认知、接受和内化。换言之，认同的"度"，产生话语的"力"。"平台驱动"的网络思想政治教育话语体系，可联动更协同的主体，聚合更具体的对象，开展更平等的关系、互动和交往，能够提升话语的关注度、精准度、认同度，并从思想引领力、精神凝聚力、价值感召力、文化自信力等层面提升话语的力度。同时，在一个更大范围的语境生态中，在与国家意识形态话语、青年网络文化话语、传统思想政治教育话语、外部风险话语等相对自成体系的话语力量进行互动、博弈的过程中，形成对上的阐释能力、对下的对话能力、对内的整合能力、对外的防御能力。这些力的形成，都可以通过话语的交流协商、认同建构来推动。因此，从内部系统和外部生态两个层面来看，网络思想政治教育话语体系通过在多维关系中提升"认同度"，实现"话语力"的聚合和发挥。

第四章　话语关系：全员参与的网络空间与话语主体实践

　　"话语即权力"①，有话语生产必然存在话语权的压制与反制。任何"权力"都要在一定的话语空间内生产完成，空间是权力争夺的场所，也是权力实施的媒介②。福柯认为，影响、控制话语运动的最根本因素是权力。权力是通过话语来实现的。话语既是权力的产物，又是权力的组成部分。③关于话语关系的定义，人们可以用几个不同学科领域的观点来阐释。

　　从社会学角度来说，话语关系是社会成员之间通过语言进行交流和互动的关系。它是社会关系的一种表现形式，通过语言交流，人们可以传递信息、表达观点、建立关系和影响他人。从语言学视角来说，话语关系是指在交际中，语言使用者之间通过语言交流来达成共识、建立联系和交流信息的关系。④话语关系包括言语行为的参与者、他们之间的关系、他们所表达的意义和目的等方面。从意识形态角度来说，话语关系是指在特定社会和历史背景下，不同社会群体或政治势力通过话语的生产、传播和解释来建立权力关系、塑造意识形态和控制舆论的过程。话语关系涉及话语权力的分配、话语的选择和控制、话语的解读和接受等方面。从心理学的角度来讲，话语关系是指个体之间通过语言交流来建立情感联系、满足沟通需求和实现自我表达的关系。话语关系涉及个体的语言能力、沟通技巧、情感态度和认知因素等方面。从社群经济角度来说，话语关系可以定义为社群经济各主体在互动过程中所形成的社群信息传播模式、所扮演社群角色符号化的话语表达方式，以及不同角色

---

① 杨云霞.话语"权利"抑或"权力"：辨析与再认识 [J]. 人民论坛·学术前沿，2021（6）：94-102.

② 刘涛.社会化媒体与空间的社会化生产：福柯"空间规训思想"的当代阐释 [J]. 国际新闻界，2014，36（5）：48-63.

③ 张红燕，易立新.对权力话语的思考 [J]. 中南民族大学学报（人文社会科学版），2006（2）：160-162.

④ 周建青，李俊韬.多维逻辑视域下网络空间社群经济的话语关系 [J]. 华南理工大学学报（社会科学版），2021，23（4）：122-130.

之间的关系。①

以上内容从不同领域和角度出发，对话语关系进行了不同的解释，通过以上内容，可以综合得出，话语关系就是在交流和互动中，人们通过语言表达自己的观点、感受和意图，并与他人进行沟通和交流的关系。话语关系是人与人之间相互联系和影响的重要方式，通过话语关系，人们可以传递信息、表达情感、建立关系和影响他人。

随着科技的发展和创新，人们可以通过文字、图片、音频、视频等多种形式进行话语交流。这些媒介和工具包括博客、微博、论坛、即时通信工具等，它们丰富了话语的表达方式，使得话语更加多样和丰富。同时，不同的媒介和工具也适应了不同人群和场景的需求，使得话语更具针对性和适应性。

与传统的面对面交流相比，网络空间中的话语关系更加灵活和便捷。人们可以随时随地通过网络平台进行话语交流，无论是通过社交媒体、聊天软件还是在线论坛，都可以与他人进行实时的互动和交流。以互联网为核心的信息技术教育成为高校深化改革的重要途径，要想让高校全体成员都参与到网络空间与话语主体实践中，需要先对网络空间的话语关系有所了解？网络空间的话语关系的定义包含广义和狭义的两个层面。广义上，网络空间的话语关系是指在网络空间中，参与者之间通过话语进行交流、互动和影响的关系。其包括话语参与者之间的关系、话语内容之间的关系、话语传播的关系、话语权力的关系以及话语效果的关系等多个方面。狭义上，网络空间的话语关系是指在网络环境中，人们通过各种工具和平台进行的言语和文字的交流。网络空间中的话语关系拥有传统话语关系所不具备的特点：

一是匿名性。相比于传统的面对面交流，网络空间中的参与者可以

---

① 周建青，李俊韬. 多维逻辑视域下网络空间社群经济的话语关系 [J]. 华南理工大学学报（社会科学版），2021，23（4）：122-130.

使用虚假身份或匿名账号进行话语交流，从而在一定程度上保护个人隐私。由于网络空间拥有匿名性和无形性的特点，因此人们更敢于表达自己的观点和意见，同时也容易出现言辞激烈、攻击性言论等不良的话语关系。

二是实时性。通过互联网的高速传输和即时通信工具，人们可以随时随地进行实时的话语交流，使得网络空间中信息传播的速度更快、范围更广，但人们也因此更容易受到虚假信息、谣言和恶意攻击的影响，进而产生对他人的误解和与他人的冲突。

三是开放性。通过互联网的连接，人们可以与世界各地的参与者进行话语交流。这种全球化的话语关系有助于促进跨文化交流和理解，拓宽了人们的视野和思维。由于网络空间的开放性和自由性，存在着大量的不真实信息和恶意行为。因此，参与者需要保持批判思维和辨识能力，以应对潜在的风险和挑战。

四是异质性。不同人群、组织在网络空间中有着不同的话语特点和表达方式。这种异质性使得网络空间成为一个多元化、多声音的交流平台，促进了不同观点和意见的碰撞与交流。

五是影响性。网络空间中的话语关系不受地理和时间的限制，可以实现全球范围内的即时交流和交互。随着信息在网络空间的传播和分享，话语可以迅速扩散到全球范围，并影响人们的思想、情绪和行为。网络空间中的话语关系可以塑造公众舆论、引导社会动态，甚至对政治、经济和文化产生重大影响。

在网络育人工作中，话语关系可以定义为教师和学生之间通过网络平台进行的言语交流和互动。这种话语关系是教育过程中的重要一环，通过教师的引导和学生的参与，实现知识的传递、学习的促进和思想的交流。本质上，网络思想政治教育话语关系是思政工作者通过网络空间向大学生传输思想政治教育话语，使大学生内化与外化的双向互动过程，意味着网络思想政治教育话语成为思政工作者与大学生交互关系的重要纽带。从意识形态属性的维度来看，"话语和意识形态有着天然密切的联系。"[①] 网络思想政治教育话语关系的政治属性是一个前提性条件和需要始终坚守的原则，需要网络思想政治教育工作者将话语交往沿着促进大学生更好地认知与认同社会主流意识形态的方向有序开展，从而培养大学生成长为德智体美劳全面发展的社会主义接班人和建设者。从实践论的维度来看，网络思想政治教育话语关系是思政工作者通过师生间话语交往的过程来实现人的全面发展。从传播学的理论视角来看，网络思想政治教育话语关系是话语生产者为了某种传播目标或效果，在话语传播过程中发挥搭载信息的作用且保持相对独立的语言系统，是话语角色间彼此交流沟通的纽带，扮演着信息传递、信息输送、信息转换的媒介关系角色。

第一节　关系延伸的网络场域互动

王永进在《话语理论与实践》一书中论及："人的每一个行为都被行为所发生的场域所影响，而场域并非单指物理环境，也包括他人的行为以及与此相连的许多因素。"[②]2023 年 3 月 2 日，中国互联网络信息中心（CNNIC）在京发布第 51 次《中国互联网络发展状况统计报告》（以下简称：《报告》）。《报告》显示，截至 2022 年 12 月，我国网民规模达 10.67亿，较 2021 年 12 月增长 3549 万，互联网普及率达 75.6%。[③] 随着信息技术的发展和公众言论自由度的提高，互联网空间作为人类现实活动的虚拟延伸，成为信息传播和情感表达的强大场域——网络场域。

---

① 郝良华，许晓．网络场域主流意识形态话语权的理性审视 [J]．理论学刊，2021（6）：130−139.

② 王超．新中国语文课程话语流变研究 [D]．长沙：湖南师范大学，2018.

③ 中国互联网络信息中心．第 51 次《中国互联网络发展状况统计报告》[EB/OL]．（2023−03−02）[2023−09−20].https://cnnic.cn/n4/2023/0302/c199−10755.html.

20世纪70年代，法国社会学家皮埃尔·布迪厄（Pierre Bourdieu）在其著作《符号力的形成与传播》（*The Field of Cultural Production*）中提出并详细阐述了场域理论。对于场域（field）这一概念，布迪厄这样说过："我将一个场域定义为位置间客观关系的一个网络或一个形构，这些位置是经过客观限定的。"[①] 他通过对法国社会的研究，提出了"场域理论"，并将其作为解释社会行为和社会结构的框架，"场域理论"现已成为社会科学研究的重要理论之一。布迪厄将场域视为一个具有相对自治性的领域，与其他领域相互联系但又相对独立。他强调了社会结构和权力在场域中的重要性。场域中的参与者在追求自身利益和目标的过程中，通过争夺和维护资源、建立和维持社会关系来竞争和合作。布迪厄认为，每个场域都有自己的规范、价值观和行为准则，任何力量、任何权力，如果不在场域内，与场域的其他要素不发生关系，那么它就不能存在，也没有任何作用。在这种活跃变化的场域空间中，那些权力的占有者通过获取资本权力来控制场域的生产与再生产，而其中的受控者或行动者的策略也取决于他们在场域中的地位。所有的场域都包含在权力场之内，都与权力场有着控制与被控制、制约与反抗之间的关系。[②] 通过研究场域，可以更好地理解社会中的权力关系、资源分配、社会流动和社会变迁等现象，揭示社会结构和社会行为的内在规律和机制。

在这种理论支持下，人们可以把网络场域理解为一个虚拟的社会领域，这种网络场域可以理解为由社会成员按照特定的逻辑要求共同建设的，是社会个体参与社会活动的主要场所[③]，由互联网和数字技术构成，其中包括各种在线平台、社交媒体和网络社区。对于现实来说，网络场

---

① WACQUANT L D.Towards a Reflexive Sociology: A Workshop with Pierre Bourdieu[J].Sociological Theory, 1989, 7（1）：26-38.

② 王岳川.布迪厄的文化理论透视 [J].教学与研究，1998（2）：40-45, 5.

③ 李全生.布迪厄场域理论简析 [J].烟台大学学报（哲学社会科学版），2002（2）：146-150.

域是一个特殊的社交空间，其中的社会互动和信息交流不再受限于传统的地理、时间和身份因素。个体可以通过网络场域来表达自己的观点、分享信息、与他人建立联系，并参与到各种社会实践中。

一、网络场域互动的关系延伸

伴随互联网信息技术的日新月异，新时代的高校思想政治教育话语关系有了新的发展。以往传统的师生话语关系是基于面对面的交流和接触而建立的，是师生之间在教室、学校等实体场所中进行课堂教学、讨论和答疑等教学活动的过程中所建立的一种直接的和实体的关系，传统的师生话语关系通常受地理位置和时间的限制，需要师生在特定的时间和地点进行互动。现在的师生话语关系有了新的延伸，开始在网络环境中利用在线教育、社交媒体等平台进行话语交流和互动，利用在线课程平台进行课堂讨论、在线答疑、课程评价等活动。师生在网络空间中，通过各种形式的交流、合作和互动，共同创造并维护着一个活跃、多元、开放的网络社区或网络平台。

"00 后"是当前大学生群体中的主要成员。他们是在数字化时代背景下成长起来的，对于科技和互联网的使用非常熟练，更善于利用技术来解决问题，也更加独立和自主。他们更注重自我发展和追求个人兴趣，更倾向于自我决策和自我管理。"00 后"群体的价值观相对较为多元化，他们更加注重个人价值和幸福感的追求，更倾向于追求自我实现和个人成就。他们具有较强的创新意识和创新能力，更加敢于尝试新的事物和新的方法，更善于思考和解决问题。"00 后"大学生表现出了鲜明的主体意识、奋斗的角色定位、多元的价值取向、网络的生活方式等群体特征。[①] "00 后"大学生是一个更加开放、独立和多元化的群体，他们具有

---

① 吕小亮."00 后"大学生思想行为特质及其培养对策 [J]. 当代青年研究，2019（3）46—50，32.

较强的数字原生能力、自主性、创新精神和多元化兴趣，对未来社会的发展具有积极的影响。

大学生群体的人员特性也决定了师生之间的网络场域互动可以主要分为三种不同的类别，一是公众社交媒体互动。师生可以利用网络社交平台进行沟通交流，例如，微信、微博、QQ 群等。教师和学生可以通过发布消息、评论、点赞等方式进行互动，分享学习资源、讨论问题、交流经验等。二是在线学习平台互动。在线学习平台主要包含高校自建的学习管理系统（LMS）或开放式在线课程平台（MOOC）。老师可以通过雨课堂、慕课、易班、超星等在线课程平台，进行课堂讨论、在线答疑、课程评价等活动。学生可以访问各种在线课程、利用学习资源和学习工具进行自主学习，完成课程作业和测验，并与教师进行讨论和互动，同时在课程讨论区提问、回答问题，教师可以及时解答学生疑问。教师和学生可以在专业或兴趣相关的在线论坛上发布问题、回答他人提出的问题，并与其他教师、学生以及网友进行讨论。例如，在知乎上提问关于某个领域的问题，并邀请专家教授或其他网友给出答案。三是虚拟世界互动。师生也可以通过在线社交游戏和虚拟化平台，彼此之间进行互动和合作。他们可以在游戏中组队打怪，建立角色、组队、聊天等，共同完成游戏任务和目标。

二、网络场域互动的全员参与

2017 年 2 月，中共中央、国务院印发了《关于加强和改进新形势下高校思想政治工作的意见》（以下简称：《意见》），《意见》中指出，加强和改进高校思想政治工作的基本原则之一是坚持全员全过程全方位育人，即"三全育人"[①]。"三全育人"是落实立德树人根本任务的内在要求，也

---

① 中共中央，国务院. 中共中央国务院印发《关于加强和改进新形势下高校思想政治工作的意见》[N]. 人民日报，2017-02-28（001）.

是推动形成"大思政"工作格局、全面提高人才培养质量的关键所在。"全员育人"是"三全育人"的一个重要方面，学校每一位教职工都负有育人的职责。

在全员参与的网络空间中，每个人都可以成为话语主体，表达自己的观点、分享知识和经验。无论是在社交媒体上发表观点，还是在网上论坛参与讨论，每个人都有平等发声的机会，并且可以通过与他人的互动来进一步丰富和完善自己的观点。网络空间中全员参与的特点使得各种声音都能够被听到和关注到。这种开放性和包容性促进了信息传播和知识共享，也为各类群体提供了一个展示自我的平台。同时，通过参与话语实践，每个人也能够增强自己的表达能力和批判思维，进一步提升个人素质和社会参与能力。

"全员育人"要求全体教职员工都要成为"育人者"，育人工作是高校全体教职工与生俱来的"天职""本职"。要实现全员参与网络场域互动，要让教育主体从"单"转向"全"，充分挖掘专业课教师、思想政治理论课教师、哲学社会科学课教师、辅导员、班主任、管理干部等多个岗位的育人要素，实现教学、管理、服务等协同育人。要打造高校网络思想政治教育"中流砥柱"，尤其是要组建专业化的工作队伍，提升其理论研究能力，并通过培训提升队伍的综合素质。专业教师、辅导员以及教育管理岗、学生团队、宣传网评队伍等如何构建网络育人体系成为一个亟待研究探讨的问题。

第二节　专业教师的网络育人实践

一、专业课教师网络育人工作实践

教育的根本是依靠教师，教师的根本任务是教书育人，育人能力是教师的核心能力。教育部在《关于全面深化课程改革落实立德树人根本任务的意见》中指出，加强师德师风建设，强化教师育人能力培养，引导教师主动适应信息化、人工智能等新技术变革，积极有效开展教育教学。①

高校的传统育人主体以专业教师为主，从其育人主体来看，主要有专业教师和思政课教师。随着互联网时代的到来，以人工智能为代表的新兴技术使传统高校育人形式发生改变，高校网络育人的内容也受到海量信息、多元网络思潮甚至不同价值取向内容的影响②。所以高校网络育人要顺应人工智能时代的发展趋势，动员专业教师参与到网络思想政治教育工作中。就课堂教学而言，高校网络育人的方式方法和育人内容对专业教师提出了更高要求。因此，高校教师在讲授专业课理论时，可以充分利用在线课程资源，一是利用在线课程平台。可通过开设在线课程，将学习资源进行数字化，并提供在线学习平台供学生使用，例如，在线视频、PPT、论坛讨论等形式的教学内容。二是开展在线课程辅导。利用网络技术，为学生提供远程辅导和指导。例如，在线答疑、作业批改和个别辅导等服务。三是共享自制学习资源。将自己整理的优质学习资源上传至网络平台，并与其他教师共享。例如，在网络平台上发布自己编写的教材或讲义。

2016 年 12 月 7 日，习近平总书记在全国高校思想政治工作会议的讲话中对教师提出新要求，他强调，教师不能只做传授书本知识的教书匠，而要成为塑造学生品格、品行、品味的"大先生"。"培养社会主义建设者和接班人，迫切需要我们的教师既精通专业知识、做好'经师'，又涵养德行、成为'人师'，努力做精于'传道授业解惑'的'经师'

---

① 中华人民共和国教育部.关于全面深化课程改革落实立德树人根本任务的意见 [EB/OL]. （2014-04-08）[2023-09-20].http://www.moe.gov.cn/srcsite/A26/jcj_kcjcgh/201404/t20140408_167226.html.

② 骆郁廷，付玉璋.论高校网络育人协同机制构建的时代价值[J].思想政治教育研究，2018，34（4）：128-134.

和'人师'的统一者。"① "老师应该有言为士则、行为世范的自觉，不断提高自身道德修养，以模范行为影响和带动学生，做学生为学、为事、为人的大先生，成为被社会尊重的楷模，成为世人效法的榜样。"② 努力做"经师"和"人师"相统一的"大先生"，是新时代对教育工作者提出的更高要求。只有坚持教书和育人相统一，言传和身教相统一，做到"经师"和"人师"相统一，教师才能成为新时代的"大先生"，学生才能成长为全面发展的人，国家才能有更多德智体美劳全面发展的社会主义建设者和接班人。

教师要把握好课程思政，不仅要加强自我修养，而且要时时处处意识到教书育人的责任。在开展课程思政建设过程中，运用生动鲜活、自然贴切的思政教育素材特别重要。所以，在课程思政教育元素挖掘中，要根据不同专业的特色和优势，深入研究不同专业的育人目标，深度挖掘提炼思政教育元素，真正体现时代特征、职教特色和专业特点。推进课程思政建设，是落实习近平总书记在全国高校思想政治工作会议上强调的"守好一段渠、种好责任田，使各类课程与思想政治理论课同向同行、形成协同效应"的重要举措，旨在使德育与智育相统一，推动实现全员全过程全方位育人。

西华大学建筑土木与工程学院以专业课程为基础，找准课程思政切入点，涵养学生工匠精神，围绕"一个核心、两大抓手、三项举措"，以培养学生综合能力为核心，以"传帮带"和集体备课制度为抓手，以集中研讨、情景教学、课程思政示范群建设为举措，挖掘思政元素，打造以《高等土力学》《工程结构检测与加固》《高等桥梁结构》等为代表的核心课程思政体系。将"社会主义核心价值观""工匠精神"融入专业

① 习近平. 坚持党的领导传承红色基因扎根中国大地 走出一条建设中国特色世界一流大学新路 [N]. 人民日报，2022-04-26（001）.
② 习近平. 坚持党的领导传承红色基因扎根中国大地 走出一条建设中国特色世界一流大学新路 [N]. 人民日报，2022-04-26（001）.

课，强化法律法规、伦理道德教育，培养学生成为德才兼备、爱岗敬业、追求卓越的人才。

西华大学省级课程思政示范课程《概率论与数理统计》深入挖掘思政元素，一是深入挖掘数学史和概率统计发展史上典型人物和案例的人文内核，对学生进行人生观和价值观教育。让学生们在增长知识的同时以史为鉴，树立正确的人生观和价值观，实现数学理论知识传授的显性教育和思政教育的隐性教育融合。二是强化概率统计知识研究的逻辑和方法，培养学生的科学探究精神和辩证的思维方法。通过随机试验，了解随机现象背后偶然的规律性，是培养学生辩证思维的最佳素材。三是讲授生活中的概率统计思想，介绍我国的概率统计发展史和前沿研究。如概率统计在医学、质检、计算机、通信行业、地震预测、天气分析等各方面的应用，以及我国 5G 通信等领域应用概率统计的典型例子，其有利于增强同学们的学习兴趣、专业前景展望和树立民族自信心和自豪感，激发学生家国情怀。四是在贝叶斯公式的独立性章节中，讲"校园贷"为什么不可信和"团结就是力量"的数学证明，认识生活中的数学，引导学生"诚信为本"；认识"万众一心，众志成城"是中国人民最伟大的精神力量，增强他们的历史责任感和使命感，使之树立为实现中国梦而努力奋斗的理想。始终培养学生的工匠精神和创新思维，介绍一些国内外著名数学家的生平和研究：他们严谨的科学态度，创新的科学思想，严谨的科学实验，宣扬"求真、探索、爱国为民"等思政元素。

同时，电子科技大学信息与通信工程学院有一位专业老师，其网络育人工作也开展得如火如荼。专业课教师彭教授建立"老马迷图"网络名师工作室的案例，获教育部/中央网信办主办的第五届"全国高校网络教育优秀作品推选展示活动"工作案例一等奖，全国评选仅 10 篇。该工作室探索专业课教师通过网络新媒体等方式参与学生思想政治教育的实践创新路径，为高校专业课教师参与网络育人提供借鉴和参考。

一方面，彭教授 2010 年在科学网开设名为"老马迷图"的博客，博客围绕师生关注的热点、难点问题进行学业解惑和人生指导，发挥网络育人作用，"老马迷图"博客把青年教师和研究生作为主要的读者群。从"教坛论剑""问道研途""科海拾零""闻图思学""探地寻油"到"为师之道""团队精神""毕业箴言""人生百味""师生杂谈""学子之声"等，博文涵盖了人才培养的方方面面。另一方面，他依托个人微信公众号"闻道研学"，用新媒体方式创作网络正能量作品，开展理论学习及宣传，引导学生价值观塑造。彭真明教授通过"老马迷图"网络名师工作室，用良好的师德、健全的人格和高尚的情操，筑牢理想信念，发挥了教育的强大效力。

上述案例也对人们鼓励专业教师开展网络育人工作有了几点启发。

一是要让专业课教师深刻认识到网络思想政治教育对于教育事业的重要意义。网络育人虽不是教书的主责主业，但是思想教育的主责主业。开展网络思想政治教育要坚持正面导向、敢于亮剑。网络思想政治教育是利用新型网络信息技术，将传统思想政治工作在工作领域、工作方式上的一种全新延伸和发展。从本质上看，网络思想政治教育归根结底还是思想政治工作，不是其他的什么工作，核心是要回答和解决培养什么样的人、怎样培养人的问题。开展网络思想政治教育，必须紧紧围绕理想信念教育、社会主义核心价值观教育，弘扬中华优秀传统文化和革命文化、社会主义先进文化进行。针对意识形态领域前沿的错误观点，要勇于发声、善于发声，强化正确价值引领。针对大学生群体的所思所想、在网络发表的观点、声音，应该及时作出正面回应，多做答疑解惑的工作。

二是互联网形式和内容瞬息万变，但专业课教师参与网络思想政治教育的信心，归根结底仍然来源于对学科行业领域的熟知，对学生成长规律的了解，对教书育人规律的把握。习近平总书记指出："宣传思想工作是做人的工作的，人在哪儿重点就应该在哪儿。"[①] 如果忽视互联网这

---

① 中共中央党史和文献研究院.习近平关于网络强国论述摘编[M].北京：人民出版社，2021：51.

个新阵地的建设，任由错误思想肆无忌惮地传播，很容易造成青年思想的波动和价值观的偏差，甚至带来意识形态风险。因此，专业课教师要深知网络思想政治教育工作的根本目的，从帮助学生成长的角度出发，坚持内容为王；要深知自身优势在于学科背景和人生经验，把握好应用互联网特色优势的度，避免一味追求互联网的新形式甚至噱头；要深知自身精力要兼顾教学、科研，因此要有打"持久战"的恒心和定力，久久为功，避免追求一时的成绩，努力克服互联网"快消费"的诱惑。

三是专业课教师做网络思想政治教育工作，归根结底是看工作量和成果能否转化成学生对党和国家的认同，能否转化成学生成长的动力源泉，能否知学生心、得学生心、打动学生心。做好高校网络思想政治教育工作，要树立起用户至上的思维，准确把握大学生的认知规律、思维方式和心理特征。总体来讲，当代大学生群体思想状态健康向上，求知欲强、思维活跃，喜欢讲道理，反感说教，表达个人观点和利益诉求的意愿强烈，对他们既要充满信心、充分尊重，也要循循善诱、因势利导。研判工作对象的特征，可谓"磨刀不误砍柴工"，为如何有针对性地改进工作表达方式指明了方向。曾有同学在"老马迷图"博文讨论区留言："在我读博最艰难的时候，想过退学，但从您的博文中汲取了很多力量，为我们后辈树立了榜样，这也是教育的一部分。从那时起，我开始慢慢写博文，希望也可以用自己的经历鼓励他人，教育不仅仅在课堂。彭老师，您小小的兴趣，曾经温暖了一个绝望的博士，棒棒哒！"① 这应该就是专业课教师做网络思想政治教育工作最大的幸福。

二、思想政治理论课教师网络育人工作实践

思想政治理论课是实现立德树人的关键课程，提升思想政治理论

---

① 彭真明.工作案例一等奖：依托专业课教师建设网络名师工作室的探索与实践 [EB/OL].（2022-03-12）[2023-09-20].https://mp.weixin.qq.com/s/Fwzw5ul5KdfUSbMqzZQ1og.

课铸魂育人实效，是思想政治理论课改革创新的根本目标。习近平总书记在中共中央政治局就建设教育强国进行的第五次集体学习时强调，要"提高思政课的针对性和吸引力。提高网络育人能力，扎实做好互联网时代的学校思想政治工作和意识形态工作"①。随着信息技术和传媒手段的进一步发展，以及网络开发与运用的进一步普及，网络场域中思想政治理论课教师的价值得到进一步发挥，提升思想政治理论课教师网络育人能力、保障思想政治理论课教师网络育人质量成为当前工作的一个重点。

网络空间塑造了价值引领的新场域，青年学生是网络的主要使用者和受众，思想政治理论课教师要充分发挥网络空间的价值引领作用，增强理论宣讲深度、提升网络宣传速度、保证叙事话语温度、拓宽作品受众广度，进一步提升网络育人的实效性。②

2021年3月6日，习近平总书记看望参加全国政协会议的医药卫生界教育界委员时指出"'大思政课'我们要善用之，一定要跟现实结合起来。上思政课不能拿着文件宣读，没有生命、干巴巴的。"③

湖南省"我是接班人"网络大课堂总班主任郭晓芳创新打造的高精尖思想政治理论课，好评热议不断，育人成效显著，做法被写进新华社"习近平总书记关切事"专栏。为了让每一位嘉宾的课既专业又好懂，郭主任不仅精心选题，下苦功夫整理各类背景资料开展深度学习，还从中小学生的视角出发进行访谈，与各行业、各领域的名家大咖对话，每堂课围绕一个主题，精心设计多层次、多场景、多角度的课程，打造"主题化"金课，为学生提供了审视社会的多元视角，带来理想、信念、

---

① 习近平．加快建设教育强国 为中华民族伟大复兴提供有力支撑 [N]．人民日报，2023-05-30（001）．

② 刘宏伟，郭东奇．思政课教师网络育人能力提升的四重路径 [N]．中国青年报，2023-08-29（010）．

③ 杜尚泽．"'大思政课'我们要善用之"（微镜头·习近平总书记两会"下团组"·两会现场观察）[N]．人民日报，2021-03-07（001）．

价值观的熏陶。

思想政治理论课教师作为马克思主义理论的一线研究者和传播者，网络理论宣讲理应成为重要的载体和依托，一方面，思想政治理论课教师要具备科学严谨的职业态度，确保网络宣讲内容具有理论依据，要对引用文献的出处严格把握、深入考究，要宣讲事件背景、历史事实，还要从理论角度系统深化，将对热点问题的深刻把握作为开展网络思想引领的底层基础，做到网络发声言之有据、言之有物、言之有度。另一方面，思想政治理论课教师要时刻关注国内外热点、难点、疑点问题，理论联系实际，保持宣讲与现实的紧密结合，让理论宣讲具备深刻的现实依托。最后，为保证思想政治理论课教师开展网络思想政治教育工作的实效性，网络理论宣讲应该有最后的价值归依，要能够通过理论宣讲切实提升学生的理论素养、更新其对现实问题的认知并进行符合主流价值观的判断和实践。

第三节　辅导员网络思想政治教育能力提升

一、辅导员开展网络思想政治教育的意义

开展网络思想政治教育是信息时代的重要选择，是帮助学生认识网络、科学运用网络的重要手段。2014 年教育部印发的《高等学校辅导员职业能力标准（暂行）》（以下简称《能力标准》）将网络思想政治教育作为高校辅导员工作的一项独立职能，并对职业能力提出了暂行要求。① 中共中央办公厅、国务院办公厅印发的《关于进一步加强和改进新形势下

---

① 　中华人民共和国教育部.教育部关于印发《高等学校辅导员职业能力标准（暂行）》的 通 知 [EB/OL].（2014-03-27）[2023-09-20].http://www.moe.gov.cn/srcsite/A12/s7060/201403/t20140327_167113.html.

高校宣传思想工作的意见》强调要创新网络思想政治教育，培育网络名师，开办网络名站名栏，建设网络宣传员队伍，推进辅导员博客等网络新媒体建设。①2017年教育部印发的《普通高等学校辅导员队伍建设规定》中明确了辅导员的九大工作职责，再次将网络思想政治教育作为高校辅导员工作职责之一，并要求辅导员运用新媒体新技术，构建网络思想政治教育重要阵地，加强学生网络素养教育，运用网络新媒体对学生开展思想引领等工作。②

有很多研究显示，当代青年被称为网络时代的"原住民"，他们从一出生就生活在一个网络化的世界，网络生活对于他们来说就是一种原初生活、日常生活。伴随互联网的发展而成长起来的青年一代与网络彼此依赖、相互嵌入，在虚拟的数字化空间交流、学习和工作，从虚拟出场、虚拟身份建构到个性表达，以数字化方式展现个性、表达自我、传递观点，呈现出重娱乐和重技术参与的鲜明特征。如果想要制止学生使用网络产品，或者想采取强制手段把他们与网络产品隔离开来，将会给他们带来心理和精神上的困扰与痛苦。

信息化时代，数字素养或信息素养应当成为大学生最重要的素质之一。数字素养或信息素养既包括一些技术层面的东西，也包括认知、思维、道德和价值观层面的东西。就数字素养中的技术素养来说，大学生至少应该懂得数字技术在日常生活、工作和交往中的应用，并熟练地掌握它们。就数字素养中的思维素养而言，培养大学生的批判性思维至关重要，批判性思维有助于他们辨别各种各样的信息及其价值所在。就数

---

① 中共中央办公厅，国务院办公厅．中办国办印发《关于进一步加强和改进新形势下高校宣传思想工作的意见 [EB/OL]．（2015-01-20）[2023-09-20].http://www.moe.gov.cn/jyb_xwfb/s5147/201501/t20150120_183166.html.

② 中华人民共和国教育部．普通高等学校辅导员队伍建设规定 [EB/OL]．（2017-09-29）[2023-09-20].http://www.moe.gov.cn/srcsite/A02/s5911/moe_621/201709/t20170929_315781.html.

字素养中的道德和价值素养而言，未来大学生应当发展基于数字技术的道德和价值敏感性，坚决低质有悖于法律、伦理和道德的行为。

对于高校辅导员而言，提升网络思想政治教育能力迫在眉睫。要打破以往人们认为的其一直处在一个比较稳定、价值一致、各种价值主张有序排列的时代的观念。要与时俱进，更新自己的认知，要明白多元化时代下学生的价值观念容易发生冲突是一件非常正常的事情，是教育工作者必须面对的客观事实。同时，要认识到价值冲突是学生开展价值学习、提高价值素养的宝贵机会。数字化时代背景下，"打压式""灌输式"的价值教育早已过时，这种教育方法容易导致学生的逆反心理，削弱学生的自信心，限制学生的创造力。价值教育的最终目的是引导青少年接受价值共识、形成坚定的价值信念，并将它们贯穿到自己的成长过程中去，因而，在这一方面，辅导员也要做更多的工作。辅导员应具备并提升开展网络思想政治教育的能力。

二、辅导员如何提升网络思想政治教育能力

第一，扎实的理论功底是辅导员提高网络思想政治教育能力的基础和前提。加强马克思主义理论学习有利于提高理论阐释能力、网络意识形态引导能力，加强马克思主义理论学习，才能做到真信马克思主义、真懂马克思主义、真用马克思主义，只有真学、真信、真懂、真用马克思主义，高校网络思想政治教育教师主体才能"有的放矢"，在新时代的网络空间里高举马克思主义大旗、凝聚网络主流意识形态、加强网络文化建设、培育时代新人。"理论只要彻底，就能说服人"[①]。师生之间网络沟通互动和网络意识形态引导本质上都是高校网络思想政治教育工作。学懂弄通党的最新政策和理论成果，对于做好学生网络思想政治教育与

---

① 中共中马克思恩格斯列宁斯大林著作编译局.马克思恩格斯选集：第1卷[M].北京：人民出版社，2012：10.

价值引领具有重要的实际意义。拥有深厚的理论功底，让辅导员在做学生的思想政治教育工作时，能够将事实掰开了揉碎了讲，将问题抽丝剥茧，鞭辟入里地讲清楚、讲透彻，在做好学生思想引导上面游刃有余，在网络思想政治教育中充分展现马克思主义的真理性、生命力，增强其针对性、说服力。在学好理论的基础上，广泛涉猎其他领域，在进行网络思想政治理论教育时旁征博引，把原本枯燥乏味、晦涩难懂的理论与学生们熟悉的学科体系、生活常识建立起广泛的联系，使得思想政治教育也变得通俗易懂、趣味横生，让学生乐于接受。

第二，提升网络认知和网络素养是关键。2017 年，中共教育部党组印发了《高校思想政治工作质量提升工程实施纲要》，文件指出要加强师生网络素养教育，强化他们的网络意识，提高他们建网用网管网的能力。① 具体而言，网络素养就是驾驭网络的素质和能力，包括网络认知、互联网思维、网络技术、信息素养、网络道德和网络安全、网络参与和协作，以及利用网络促进自我发展等。互联网思维与网络认知一脉相承，是高校网络思想政治教育辅导员主体的"思想武器"。一方面是转变教育理念。首先，互联网思维要求用户至上，体现在网络思想政治教育中就是要坚持以学生为中心。其次，互联网思维强调平等。在网络空间中，高校网络思想政治教育教师主体要充分重视学生的主体性，倡导平等对话，构建和谐的师生关系。最后，互联网思维要求高校网络思想政治教育教师主体要参透网络语言。以大学生喜闻乐见的、熟悉的语言表达方式与学生交流，不仅可以提高与学生的网络交互能力、拉近师生之间的关系、削弱学生的心理防线，还能够提高网络思想政治教育的吸引力。另一方面是转变教育方法。首先，辅导员要善于利用音频、视频、博文等手段来呈现图文并茂、动静结合、层次分明的高质量网络思想政治教

---

① 中共教育部党组.中共教育部党组关于印发《高校思想政治工作质量提升工程实施纲要》的通知[EB/OL].（2017-12-05）[2023-09-20].http://www.moe.gov.cn/srcsite/A12/s7060/201712/t20171206_320698.html.

育内容。其次，辅导员要学会整合网络资源，提高资源利用率。互联网思维强调开放和共享，辅导员要充分利用网络资源和平台，广泛同其他教师、高校、企业等开展合作。最后，辅导员要树立品牌意识。用贴近学生的语言吸引人、用主流文化的力量感染人、用细致入微的服务打动人、用满足学生实际需求的行动留住人。西华大学壹麦网络文化辅导员工作室不断满足学生成长发展过程中的需求和期待，提升网络思想政治教育的亲和力和针对性，促进新媒体新技术在思想政治工作中的深度应用和大学生的全面发展。该工作室全面依托学校党委—学院党委（党总支）—党支部的三级优势阵地，立足西华大学实际，打造"一工作室、多宣传阵地、N原创网文"的党建思想引领平台，为广大师生组织搭建交流、学习、成长与服务的空间平台。以易班网络互动社区为载体，创新宣传教育模式，鼓励党支部书记、教师、辅导员、学生党员骨干等党务工作者撰写网文，用讲故事、举案例、摆事实的方式，以通俗化的语言表达思想、凝聚共识，传播党的声音，讲好党的故事。推出一系列有思想、有温度、有品质的作品。

第三，成为熟练掌握网络信息技术、获取网络信息的行家里手。从"能学""会学"到"善学""善用"网络技术。一方面，辅导员要学会使用传统办公软件，了解和掌握常用图片和视频编辑软件，熟练运用QQ、微信、钉钉等即时通信软件，辩证看待各类新媒体平台，熟悉各类平台的流程和机制，熟悉网络教学平台和配套软件工具，增强上网课的技术和本领。认真研讨大数据、智能算法等新一代网络信息技术。另一方面，辅导员要主动收集和获取自己需要的网络信息来开展网络思想政治教育，选择和辨别网络信息，当好网络信息"把关人"，这是进行网络意识形态斗争的必经之路。整合有用的网络信息，对其进行二次加工再创造，以便适应和融入网络思想政治教育，例如，网络热点捕捉、网络议题设置、网络案例分析等。对网络信息资源的有效处理和应用将为教师提供源源不绝的优质素材，不断丰富和创新网络思想政治教育内容。

南京航空航天大学党委书记徐川曾经是一名辅导员，其展现出较强的网络思想政治教育能力，2016年"五一"期间，徐老师在其"南航徐川"微信公众号中发表了一篇网络文章：《答学生问：我为什么加入中国共产党》。该文章相继被《人民日报》、共青团中央等300多个官方微信转发，累计阅读量超千万，在全国引发广泛关注和热议。就这样，"南航徐川"微信公众号爆红网络，成为辅导员运用网络开展思想政治教育的早期代表。徐书记认为，"在思政教育中，我们往往因信仰、爱国等话题又红又正而不敢谈。但思政教育就是真懂真信真用，要勇亮剑、敢发声。在人人都有麦克风的自媒体时代，把事实拿出来与学生开诚布公地讨论，反而是一种捷径。"①

第四节　多元主体的网络文化育人体系构建

党的十八大以来，习近平总书记高度重视网络文化建设，始终坚持把增进人民福祉作为网络文化发展的出发点、落脚点，让人民群众在信息化发展中拥有更多获得感、幸福感、安全感。习近平总书记多次强调网络文化建设对于人民、国家和社会的重要性，就网络强国、网络空间治理、网络空间安全、信息产业发展、网络国际合作等先后发表许多重要论述。2023年6月7日，习近平总书记致首届文化强国建设高峰论坛的贺信中写道："我们要全面贯彻新时代中国特色社会主义思想和党的二十大精神，更好担负起新的文化使命，坚定文化自信秉持开放包容，坚持守正创新，激发全民族文化创新创造活力，在新的历史起点上继续推动文化繁荣、建设文化强国、建设中华民族现代文明，不断促进人类

---

① 南京航空航天大学. 我校徐川老师荣获第九届全国高校辅导员年度人物称号 [EB/OL]（2017-06-19）[2023-09-20].https://mp.weixin.qq.com/s/kzDy8EBoDmQvwuGqz_-h8g.

文明交流互鉴，为强国建设、民族复兴注入强大精神力量。"[①]

共建什么样的网络文化是人们必须探讨和研究的。基于信息技术、大数据技术、新媒体技术等现代科技的蓬勃发展，人类的生产方式、生活方式和思维方式日益受到广泛而深刻的影响，并以此为前提酝酿了史无前例的崭新文化形态——网络文化。[②]也就是说，网络文化就是人们在社会实践过程中牢牢依托于网络技术的文化活动。作为中国共产党领导下的社会主义国家，"发展中国特色社会主义文化，就是以马克思主义为指导"[③]。同时，中国的网络文化必然带有自身的文化烙印和文化特色，是社会主义先进文化和中华优秀传统文化在网络时代的新呈现、新发展。那么，何为中国的网络文化？应当基于国际、国内网络空间，以马克思主义思想为指导，依靠互联网技术的发展进步，源于中国网络空间的具体实践，遵守文化的发展规律，对传统文化进行扬弃和创新，并充分吸收世界各国的优秀网络文化成果，依靠人民和服务人民，具有中国气派和中国风格，彰显开放性和世界性、超越性和相融性、人民性和时代性的独特文化形态。[④]党的二十大报告指出，要健全网络综合治理体系，推动形成良好网络生态。[⑤]创新推动网络文化育人，建构高校网络文化育人共同体，是高校开展网络思政的现实需求和未来指向，也是推动形成良好网络生态、提高网民素养的必然选择。

[①]　习近平 . 更好担负起新的文化使命 为强国建设民族复兴注入强大精神力量 [N]. 人民日报，2023-06-08（001）.

[②]　李宇，姬凌岩 . 中国网络社会治理 [M]. 北京：经济科学出版社，2019：1.

[③]　习近平 . 决胜全面建成小康社会夺取新时代中国特色社会主义伟大胜利：在中国共产党第十九次全国代表大会上的报告 [M]. 北京：人民出版社，2017：41.

[④]　卢成观 . 习近平关于网络文化建设重要论述研究 [D]. 贵阳：贵州师范大学，2022.

[⑤]　习近平 . 高举中国特色社会主义伟大旗帜 为全面建设社会主义现代化国家而团结奋斗：在中国共产党第二十次全国代表大会上的报告 [M]. 北京：人民出版社，2022：44.

一、校园网络文化育人的体系构建

高校要实现网络文化的共谋共建共管共享，要让高校网络文化成为网络空间正能量的强大发动机和不竭源泉。首先，要树立"一盘棋"思想，教学、管理、服务各岗位均是育人共同体，要在共谋共建的基础上共管共享，网络文化育人主体要共同参与、合作共建，共享发展机遇，形成互利共赢的网络文化共同体。高校的网络文化育人体系的构建必须要有全局意识，善于从全局的高度理清工作思路、盘点工作任务、梳理工作难点，拿出扎实举措，在全局"整盘棋"里谋划推进，切实形成上下同心、齐头并进的良好局面。要建立由校党委统一领导，党委宣传部牵头抓总，党委学生工作部、党委研究生工作部、校团委、教务处、人事处、网络信息中心等部门齐抓共管、各院（系）共同参与的工作机制，构建特色鲜明、功能互补、多方联动的网络育人体系。其次，打破和消除条块分割，打破部门壁垒，加强整体联动，促进深度融合。要有协同意识，切实加强育人共同体之间的协作与配合，形成"拧成一股绳，劲往一处使"的工作状态，充分发挥育人主体之间联动的"齿轮"作用，打造网络文化育人共同体、责任共同体、实践共同体，协调育人要素，优化排列组合，实现育人合力最大化。围绕网建、网管、网监、网评、网研等重点领域，加强包含学生在内的网信人才队伍、新闻宣传队伍、舆情工作队伍、网络评论员队伍、网络文明志愿者队伍建设和智库建设，鼓励申报"网络教育名师""舆情专家库"，不断提高网络育人队伍的政治素养、信息素养和工作水平。

电子科技大学获批的四川省高校思想政治工作精品项目《"网络文化正能量精品工程"网络育人体系构建与实践》，以习近平新时代中国特色社会主义思想为指导，坚持以理想信念教育为核心，以社会主义核心价值观为引领，在构筑立体化工作矩阵、培育专业化网络队伍、打造精品化网络内容三方面进行了一系列探索，一方面构筑立体化工作矩阵，搭建网络育人"舞台"。牵头成立大学生网络文化工作室联盟，加强校院两级大学生网络文化工作室建设，有效实现校院两级网络文化建设单位，平台共建、活动共推、资源共享、声音共鸣，促进网络文化阵地互联互通。另一方面，培育专业化网络队伍，培养网络育人"主角"。分类施策，打造多梯队、专业化网络队伍。发布"网络名师工作室培育支持计划"，选聘有影响力的专业教师担任"网络名师"，开设"名师博文""辅导员博文"系列网络育人平台和栏目，选拔学生骨干担任网络文明传播使者，发挥网络在思想引领、核心价值观培育、意识形态教育等方面的积极作用，创新开展网络思想政治教育，逐步构建"网络文化正能量精品工程"网络育人体系。

二、校园网络文化育人的队伍建设

"把关人"这一概念最早由美国社会心理学家库尔特·卢因（Kurt Lewin）在 1943 年写的《生态心理学》（ecological psychology）一书中提出，"把关人"又称"守门人"，是指新闻媒体中对发布的信息进行过滤、加工和把关的人或者组织。相关研究可以追溯到卢因在二战期间对于食用牛下水的宣传研究，他研究的是家庭主妇对家庭食品的把关作用，并提出了"渠道理论"。由于网络传播的复杂性，网络环境中的"把关人"也在拓展。关于卢因的"把关人"思想，可以归纳以下几点内容：一是卢因认为由于事物的运动必须通过渠道，而渠道不是平坦光滑，其中存在着不少关卡，因而也就存在"把关人"；二是卢因认为规则最终还是由人掌握的，所以这里主要针对人，尤其是个人；三是卢因实际上就是研究导致"把关人"作出某一决定的因素，也就是探析隐藏于"关"的开闭行为中的各种因素。

在传播学中，"把关人"是大众传播媒介内部的工作人员。大众传播的一切信息，都要经过这些工作人员的过滤或筛选，才能同公众见面，所以他们便是信息传播的"把关人"。在高校加强意识形态阵地管理和建设的过程中，网络文化建设队伍正是充当了高校网络文化"把关人"的重要角色。深入推进校园网络文化育人体系的建设离不开一支政治坚定、业务扎实、甘于奉献、奋发有为、各司其职的育人队伍。由此，人们可以组成三支育人队伍。第一支是由学院领导、学术大咖、青年博士、学工人员、学生榜样等组成的线上思想政治教育工作队伍，它是学院网络思想政治教育的核心支撑与内容供给的重要来源，肩负着线上思想价值引领的重要职责；第二支是由师生新闻通讯员组成的信息宣传工作队伍，其按照"正能量、真声音、快节奏"的工作要求，积极引领正确舆论导向，不断丰富和创新宣传形式，生动、感人地讲好故事；第三支是由各辅导员、班主任以及班级、各组织网评员组成的网络评论队伍，网格化地散布在师生群体和网络海洋中，及时监测上报网络舆情，积极参与学院网络思想政治教育工作，广泛凝聚师生力量。

西华大学的网络文化育人队伍建设就十分具有代表性。西华大学整合思想政治教育工作队伍资源，宣传、学工、共青团、心理、就业指导等系统的工作队伍和各专业教学名师汇聚易班，参与学生指导与引领。具体内容包括：一是抓住了全校思政工作队伍以及学生干部、党员骨干，掌握了网络育人主动权、网上舆论引导话语权、网络管理主导权。通过在易班上开展主题教育、实践锻炼、志愿服务等多种方式，提升学生干部、党员骨干的网络思想政治理论素养，使之以其独有的"朋辈优势"在学生班级、社团、寝室、网络等中充分发挥示范引领作用。探索"易班+"培训模式，通过建设一批名师在线课程，拓展网络思想政治教育空间，增强网络思想政治教育的实效。二是多措并举加强队伍建设。学校严格落实网络意识形态工作责任，各二级单位均设立了网络管理员、易班指导教师、新媒体指导教师；出台辅导员管理办法和培训支持计划，加强辅导员网络思想政治教育能力培训，将网络思想政治教育能力纳入辅导员考核；建立易班专兼职指导教师队伍和名师工作室；设立网络思想政治教育研究课题，鼓励思政工作者结合易班建设开展理论研究。三是与时俱进加强机制建设。根据工作需要，先后成立网络文化建设与领导小组、易班建设领导小组等领导机构，组建易班发展中心、易班建设中心、易班工作站、网络文化工作室、新媒体联盟、学生传媒中心等工作机构，出台《西华大学校园网络文化建设与管理办法》《西华大学网站群管理办法》等文件和一系列工作制度。

第五章　话语生态：校园新媒体矩阵与话语生产创新

党的二十大报告提出："建设具有强大凝聚力和引领力的社会主义意识形态。牢牢掌握党对意识形态工作领导权，全面落实意识形态工作责任制，巩固壮大奋进新时代的主流思想舆论。加强全媒体传播体系建设，塑造主流舆论新格局。健全网络综合治理体系，推动形成良好网络生态。"① 作为人才培养的重要场地，高校既是人才汇集之处，也是各类思潮和价值观念争夺的舆论场，这里思想活跃、文化交融，是意识形态工作的前沿阵地。新媒体平台传播效率高、互动意识强，逐渐成为高校内聚人心、外树形象、服务师生、网络育人的重要载体。

习近平总书记曾在全国宣传思想工作会议上强调："必须把意识形态工作的领导权、管理权、话语权牢牢掌握在手中，任何时候都不能旁落，否则就要犯无可挽回的历史性错误。"② 话语不仅是交流工具，更是思想的表达和价值观的体现，其价值很大程度体现在话语所蕴含的意识形态中。随着微博、微信、哔哩哔哩、抖音、今日头条、快手等各类新媒体平台向人们工作、学习及生活等各种领域的融合渗透，新媒体已经深刻影响着人们的生活习惯、思维方式及话语表达。新媒体时代的来临，让广大师生能够通过各式各样的渠道快速便捷地获取海量信息，其表现出的即时、开放、包容的话语特性，使意识形态话语呈现内容丰富多元的趋势，同时也对高校继续牢牢掌握意识形态话语权带来了新的挑战。面对当前高校意识形态工作的新形势、新挑战，作为高校思想政治工作者，应当遵循新媒体时代发展脉络，创新意识形态话语体系，提升思想政治教育工作的说服力与感染力，使广大师生能够对其准确理解、全面掌握并产生情感共鸣与价值认同，从而牢牢掌握高校意识形态工作的领导权、主动权。

---

① 习近平.高举中国特色社会主义伟大旗帜为全面建设社会主义现代化国家而团结奋斗：在中国共产党第二十次全国代表大会上的报告 [M].北京：人民出版社，2022：43.
② 中共中央文献研究室.习近平关于社会主义文化建设论述摘编 [M].北京：中央文献出版社，2017：34.

第一节　统筹"中国方略"与"校园声音"的话语阵地建设

阵地不稳，地动山摇。话语阵地建设，既是一个被研究了多年，并且形成了很多成果的老话题，也是一个随着时代发展不断推陈出新的新课题。随着互联网信息时代的来临，人们的生产生活方式发生了极大的改变。互联网的及时便捷性、自由开放性、交流互动性、信息隐匿性等特性，在满足受众日益增长的信息互动需求的同时，也对话语阵地的建设和维护带来了挑战。校园作为培育学生成长成才的场所，也是各种价值观交融的舆论场，如何建好校园话语阵地，传播好中国声音、中国主张和中国态度，潜移默化影响学生的人生观、世界观和价值观，成为校园新媒体话语体系建设首先要考虑的内容。

一、新媒体时代主流意识形态话语阵地建设的技术背景

伴随着信息技术的发展，人类社会进入了以大数据、云计算、人工智能等新兴技术引领的互联网时代，以新媒体为代表的互联网信息技术的发展，促使整个世界在科学、技术、社会、文化等领域进行了全方位变革，我国主流意识形态话语阵地建设正处在这样一个技术背景中。

新媒体（New Media）一词最早源于 1967 年美国学者戈尔德马克（P.Goldmark）的一份商品开发计划书。之后，美国传播政策总统特别委员会主席罗斯托（Rostow）在向尼克松（Nixon）总统提交的报告书中，也多次使用了"New Media"一词。[①] 自此，"新媒体"概念正式进入人们的视野，并逐渐成为传播学中的热门话题，广泛应用于传播研究领域和大众社会中。

---

① 匡文波．"新媒体"概念辨析 [J]．国际新闻界，2008（6）：66-69.

关于新媒体的定义，国内外学者各自从不同领域、不同视角提出了观点和看法，但目前仍未形成统一的看法。联合国教科文组织对新媒体的定义是："以数字技术为基础，以网络为载体进行信息传播的媒介。"① 美国《连线》杂志则认为新媒体是所有人对所有人的传播。② 国内学者对新媒体的定义延续了国外学者的观点和见解，并对新媒体的外延和内涵进行了延伸。清华大学熊澄宇教授认为："首先，新媒体是一个相对的概念，'新'相对于'旧'而言。其次，新媒体是一个时间的概念，在一定的时间段内有代表这个时间段的新媒体形态。第三，新媒体是一个发展的概念，它永远不会终结在某个固定的媒体形态上。"③ 他认为，新媒体又称数字媒体、网络媒体，是建立在计算机信息处理技术和互联网基础之上，发挥传播功能的媒介总和，它除具有报纸、电视、电台等传统媒体的功能外，还具有交互、即时、延展和融合的新特征。④ 上海交通大学学者蒋宏、徐剑提出，新媒体是指 20 世纪后期在世界科学技术发生巨大进步的背景下，在社会信息传播领域出现的建立在数字技术基础上的能使传播信息大大扩展、传播速度大大加快、传播方式大大丰富的、与传统媒体迥然相异的新型媒体。⑤ 中国人民大学匡文波教授认为，新媒体是一个相对概念，严谨的表述是"数字化互动式新媒体"，指"今日之新"，其内涵会随着传媒技术的进步而有所发展；所谓的新媒体是以国际标准为依据，是利用数字技术、通过计算机网络、无线通信网、卫星等渠道，以及电脑、手机、数字电视机等终端，向用户提供信息和服务的传播形

① 陶丹，张浩达．新媒介与网络广告 [M]．北京：科学出版社，2001：3．

② 季海菊．新媒体时代高校思想政治教育的结构与重塑 [M]．南京：东南大学出版社，2014：9．

③ 熊澄宇．新媒体与移动通讯 [J]．广告大观（媒介版），2006（5）：31-33．

④ 熊澄宇，廖毅文．新媒体：伊拉克战争中的达摩克利斯之剑 [J]．中国记者，2003（5）：56-57．

⑤ 蒋宏，徐剑．新媒体导论 [M]．上海：上海交通大学出版社，2006：14．

态。① 综合国内外学者对于新媒体概念的界定，著者认为，新媒体是相对于报纸、电视、广播等传统媒体而言，基于科技进步和信息化背景下产生的、以互联网等移动通信终端为传播渠道，以不同形式向受众提供信息和服务的新兴媒体。

近年来，新媒体以其独特的优势渗入人们生活的方方面面。以高校为例，随着各种社交平台的普及，大学生的思维方式、学习模式、生活习惯、行为特点等都受到了新媒体的影响。与传统媒体相比，新媒体具有以下特征：

（1）传播即时性。以报纸、电视、广播为主体的传统媒体从内容的生产、制作到发行有一套完整的流程，传播至受众需要一个较长的周期，这就导致了信息的滞后性。互联网技术使新媒体具备了即时性特点，与传统媒体相比，新媒体以互联网为渠道，通过手机、电脑等终端设备传递信息，打破了时空的限制，节省了受众接收到信息的时间，进而提高了沟通效率。

（2）信息海量化。随着互联网技术的发展，信息的传播已经突破了地域的限制，网络已经将世界联结为一个整体。得益于新媒体存储量大的特点，强大的网络搜索功能能够为受众提供其所需要的全部信息，受众可以依托互联网技术，利用新媒体平台，不受时间地点的限制，查询现在、过去的信息。

（3）传播交互性。相对于旧媒体，新媒体的第一个特点是它的消解力量——消解传统媒体（电视、广播、报纸、通信）之间的边界，消解国家与国家之间、社群之间、产业之间的边界，消解信息发送者与接收者之间的边界，等等。新媒体时代，全民都是传播者，新媒体为受众提供了一个自由的互动传播平台，改变了传统媒体单向传播的方式，使媒体与受众之间、受众与受众之间建立了一种双向互动模式，实现了信息

---

① 匡文波 . "新媒体"概念辨析 [J]. 国际新闻界，2008（6）：66-69.

的双向互动、多向互动。

（4）内容个性化。与传统媒体相比，新媒体可以将文字、图像、视频、音频等多种元素集合，信息呈现更加多元化，在传播过程中的表现形式也更加生动丰富，易于受众理解和接受。同时，由于网络世界的各种信息（如文字、图片、视频等）都是以数字信号形式传播和储存，因此在网络世界，传播者和接受者的角色呈现虚拟化，信息交流的双方都用抽象的符号替代，因此容易产生具有个性化特色的信息内容。

二、新时代校园新媒体话语阵地建设的重要意义

"话语权"概念源自于"话语"一词，最早是语言学的研究对象。在语言学中，"话语"一词一是指运用中的语言，其构造单位相当于句子或大于句子的语言作品；二是指说出来的能够表达意思或思想的言语，包括口头话语和书面文句。随着社会的发展，话语的概念不断丰富，逐渐开始代表集体立场，反映权力关系。作为一种社会行为，语言会伴随着社会的发展而创新，这就要求话语主体要自觉跟随时代的发展来更新话语，实现话语的创新发展，赢得话语权。"话语权"的研究起源于法国社会学后现代主义代表人物福柯，他揭示了话语与社会实践的关系。人类通过"话语"来表达立场、赋予自己权力，并通过话语来改变和影响世界。话语权作为一种权利，其主要是通过使用话语来影响结果，谁的话语权更多，谁就有更强的影响力。综合来看，话语权是一种身份与地位的象征。

习近平总书记指出："阵地是意识形态工作的基本依托"[①]。高校是中国共产党教育政策的执行者，也是进行意识形态建构的重要阵地。作为社会主义建设的接班人，当代青年学生群体的人生观、价值观和世界观尚在塑

---

① 中共中央党史和文献研究院.习近平关于网络强国论述摘编[M].北京：中央文献出版社，2020：69.

造过程中，而校园的话语阵地建设，指的是在校园范围内，以立德树人为根本，坚持中国共产党的领导，通过各种有效的话语载体，传播主流意识形态话语内容，构建话语与校园广大师生之间的联系，提高主流意识形态的传播力和影响力，引领具有正能量的社会思潮，其内在逻辑就是"谁来说、对谁说、说什么、怎么说"的过程。通过校园话语阵地的建设，利用好新兴媒体这一话语载体，潜移默化地向广大师生传播主流意识形态话语内容和价值观念，努力实现意识形态话语权建构的目标。

教育是民族振兴和社会进步的基石，而校园是我国教育方针政策的执行者。尤其是高校，其肩负着立德树人的重要使命。因此，高校也是中国共产党牢牢掌握话语权的重要阵地。宣传思想阵地建设的核心之一就是话语阵地建设。话语阵地建设在高校改革发展过程中起着引领思想、凝聚人心、文化支撑、统筹发展的重要作用，对高校自觉承担"举旗帜、聚民心、兴文化、展形象"的使命任务具有重要的作用。加强高校话语阵地建设，对落实立德树人根本任务，坚持党对高校的全面领导，贯彻落实党的教育方针，培养中国特色社会主义事业合格建设者和接班人具有十分重要的意义。

（一）有利于牢牢掌握党对高校意识形态工作的领导权

习近平总书记指出："加强党对高校的领导，加强和改进高校党的建设，是办好中国特色社会主义大学的根本保证。"① 党的十九届六中全会审议通过的《中共中央关于党的百年奋斗重大成就和历史经验的决议》中强调："意识形态工作是为国家立心、为民族立魂的工作。"② 纵观党的百年奋斗历程，党的意识形态工作在不同历史时期都发挥了至关重要的

---

① 习近平. 坚持立德树人思想引领 加强改进高校党建工作 [N]. 人民日报，2014-12-30（001）.

② 人民出版社. 中共中央关于党的百年奋斗重大成就和历史经验的决议 [M]. 北京：人民出版社，2021：44.

作用。高校是意识形态工作的前沿阵地，站在为习近平新时代中国特色社会主义培养合格建设者和可靠接班人的政治高度，坚持和加强党对高校的全面领导，做好新时代高校意识形态工作，加强新时代校园新媒体话语阵地建设，有利于推动高校党的建设与高等教育事业发展深度融合，确保党的教育政策和党中央决策部署在校园贯彻落实，进而为意识形态领导权的巩固和意识形态安全建设贡献力量。

我国高校是党领导下的高校，是中国特色社会主义高校，坚持党对高校的全面领导是中国特色社会主义大学的本质特征。当今世界，百年未有之大变局加速演进，国际局势中不确定、不安全、不稳定因素增多，从根本上保证我国高等教育始终坚持社会主义办学方向不变质、不变色，必须牢牢掌握党对高校工作的领导权，贯彻落实习近平新时代中国特色社会主义思想，深刻领悟"两个确立"的决定性意义，增强"四个意识"、坚定"四个自信"、做到"两个维护"，全面贯彻党的教育方针，使高校成为坚持党的领导的重要阵地。新形势下，高校必须落实全面从严治党主体责任，旗帜鲜明抓党建，以政治建设为根本，思想建设为基础，以高质量党建工作引领立德树人根本任务的落实。

（二）有利于高校全面贯彻党的教育方针，落实立德树人根本任务

思想是行动的先导，"立德树人"要解决好思想问题。加强校园话语阵地建设，筑牢高校思想阵地，坚持立德与树人相统一，发挥高等教育在教书育人和践行社会主义核心价值观方面的重要作用，做好高校师生思想工作，是落实立德树人根本任务的重要保证。

党的二十大报告提出："育人的根本在于立德。全面贯彻党的教育方针，落实立德树人根本任务，培养德智体美劳全面发展的社会主义建设者和接班人。"[①] 教育兴则国家兴，教育强则国家强。习近平总书记在中

---

① 习近平. 高举中国特色社会主义伟大旗帜为全面建设社会主义现代化国家而团结奋斗：在中国共产党第二十次全国代表大会上的报告 [M]. 北京：人民出版社，2022：34.

共中央政治局第五次集体学习时发表重要讲话指出："以立德树人为根本任务，以为党育人、为国育才为根本目标，以服务中华民族伟大复兴为重要使命。"① 习近平总书记的重要讲话揭示了人才在强国建设、民族复兴中的重要性，深化了对人才培养和教育强国建设的规律性认识，为新时代做好教育工作提供了根本遵循，深刻回答了"培养什么人、怎样培养人、为谁培养人"这一教育的根本问题。作为人才培养的摇篮，高校必须全面贯彻党的教育方针，落实好立德树人这一根本任务，坚持为党育人、为国育才，不断培养更多可堪大用、能担重任的栋梁之才。

（三）有利于培养中国特色社会主义事业合格建设者和接班人

习近平总书记强调："我们建设教育强国的目的，就是培养一代又一代德智体美劳全面发展的社会主义建设者和接班人，培养一代又一代在社会主义现代化建设中可堪大用、能担重任的栋梁之才，确保党的事业和社会主义现代化强国建设后继有人。"②

"大学之道，在明明德，在亲民，在止于至善。"③ 大学之所以为大，就是在传道授业解惑中，启人以大智，为国家的建设和社会的发展培养栋梁之才。做好高校思想政治教育工作，要坚持把立德树人作为中心环节，把思想政治工作贯穿教育教学全过程，实现全程育人、全方位育人。进入新时代，中国特色社会主义建设者和接班人除了要有丰富的知识储备和优良的文化修养，还应当具有坚定的思想信念、过硬的本领、实干的精神、深厚的爱国主义情怀，敢于拼搏、勇于奋斗。加强新时代思想阵地建设，要做好高校师生的思想引导，不断提高学生的思想水平、政治觉悟、道德品质，从而使师生始终坚定"四个自信"、增强"四个意

---

① 习近平.加快建设教育强国 为中华民族伟大复兴提供有力支撑 [N].人民日报，2023-05-30（001）.

② 习近平.加快建设教育强国 为中华民族伟大复兴提供有力支撑 [N].人民日报，2023-05-30（001）.

③ 曾子.大学 [M].东篱子，译注.北京：北京时代华文书局，2014：2.

识"、维护"两个核心"，为实现中华民族伟大复兴中国梦提供源源不断的"生力军"。

（四）有利于切实维护校园主流意识形态安全

校园是意识形态工作的前沿阵地，肩负着培养德智体美劳全面发展的社会主义事业合格建设者和接班人的重大任务。当前，面对世界经济全球化的趋势，以及局部动荡不安的国际形势，在经济飞速增长的同时牢牢掌控意识形态话语权，对于维护国家稳定有着重要意义。习近平总书记曾指出："意识形态领域斗争依然复杂，国家安全面临新情况。"① 虽然中国经济社会在近几年里实现了飞速发展，但是社会转型期的各种矛盾仍然存在，中国也并没有在国际竞争中取得明确的话语优势。校园意识形态安全是国家意识形态安全的重要组成部分，其工作做得如何，对国家意识形态安全起着至关重要的作用。

高校是新时代中国特色社会主义人才培养的重要场所，在很大程度上影响着社会话语表达的辐射力，在校园内不断学习的学生群体正处于思想观念及价值观形成的关键时期，对于新兴的、与众不同的观点看法更容易接受，因此他们既会受到充满正能量的主流意识形态的积极影响，同时也会受到来自社会和虚拟世界中各种消极思想的负面冲击。面对西方意识形态在校园里的恶意渗透，只有坚定不移地守好话语阵地，把话语权牢牢掌握在党的手中，大力倡导社会主义核心价值观，才可以有效筑起抵御西方霸权主义、强权政治的"防火墙"，遏制各种敌对势力针对思想价值观尚未成熟的学生的扭曲教育，着力在国际话语场域中"讲好中国故事，传播好中国声音"，提高中国在意识形态领域的国际地位和影响力。

---

① 习近平.习近平谈治国理政：第3卷[M].北京：外文出版社，2020：7.

（五）有利于提升主流意识形态在校园的凝聚力

新媒体时代是一个信息沟通的渠道增加、信息传递和舆论传播的速度加快的时代。校园本就是一个思想观念开放、自由、交融的场域，面对多元化的思想观念，师生面临着多样的意识形态选择，尤其对学生而言，其思想观念还未成熟，更容易受到其他意识形态的诱惑。通过加强校园话语阵地建设，牢牢掌握话语权，加强主流意识形态的正面宣传，能够让师生从内心深处认同我国的主流意识形态，自觉地与西方意识形态作斗争。此外，构建校园意识形态话语权。通过传递全社会的共同价值规范，可以凝聚师生的力量，在全校范围内形成广泛共识，再通过课堂教学、文化活动等话语载体，潜移默化影响师生，从而激发他们为实现中华民族伟大复兴"中国梦"而奋斗的斗志和信念。

三、新时代校园新媒体话语阵地建设的基本路径

习近平总书记指出，党的新闻舆论工作是党的一项重要工作，是治国理政、定国安邦的大事。① 高校肩负着立德树人的根本任务，在加强思想政治教育的过程中，必然要充分依托和发挥新媒体的网络育人作用。校园新媒体平台是新时代校园话语阵地建设的重要载体，大致可分为四类：一是官方媒体平台，由学校党委宣传部等部门负责运营；二是各二级单位新媒体平台（特指以学校为主体进行备案登记认证的账号），由二级单位运营；三是学生社团新媒体平台，由学生运营；四是师生个人自媒体，由个人运营。一般而言，党委宣传部是校园新媒体平台管理部门，其职责是研究制定管理办法，统一管理、协调统筹、整体规划，监督检查与考评校园新媒体运营状况等。作为学校党委发声的"喉舌"，校园两级新媒体平台是传递信息及价值观的重要场域，而校园里的学生"大 V"则以草根身份担任着"意见领袖"的角色。

---

① 习近平 . 习近平谈治国理政：第 2 卷 [M]. 北京：外文出版社，2017：331.

（一）发挥"矩阵"合力，讲好校园故事

融媒体时代，校园新媒体矩阵逐渐成为网络思想政治教育创新的重要渠道和载体。目前，校园新媒体除各级官方平台外，还有着数量众多的学生社团、组织，打造同心圆式的新媒体矩阵，其既是构建校园大宣传格局的基础，也是整合人才、推动协同式发展的时代需求。校园各新媒体平台聚集在一起，实际上形成了一个"微型舆论场"，一旦发生重要事件或是出现重大舆情，这个"微型舆论场"就可以发挥其优势，通过矩阵式的"裂变"传播模式，以不同媒体形态、不同平台资源，形成"主舆论场"，牢牢把握话语权，共同引导舆论的发展方向。

以西华大学为例，基于西华大学校报、教育电视台、校园广播台等媒体建设的良好基础，学校适应新媒体发展趋势，不断开辟新兴媒体阵地。作为"四川高校新媒体联盟"的发起单位之一，西华大学是川内较早开设新媒体平台的高校之一。2010年4月，西华大学官方微博正式开通；2014年3月，西华大学官方微信正式改版运营；2014年9月，作为运营官方新媒体平台的学生组织，西华大学新媒体运营中心成立；2014年12月，西华大学新媒体联盟成立，标志着学校开始探索"矩阵式"的组织结构、传播体系和管理体制，各学院、部门在联盟的统一协调下，联动发布重大新闻，积极互通共享资源，涌现了一批有较大活跃度和影响力的校园新媒体平台，积累了一定的新媒体建设经验。目前，西华大学新媒体矩阵建设基本实现对微信、微博、QQ、抖音、B站等大学生常用社交媒体的全覆盖，并建成"西华易班"实名用户分层分级点对点信息系统。2016年，为了规范校园新媒体管理，学校出台《西华大学各级官方微博、微信管理办法》，明确了登记注册和年检制度、维护管理制度、内容发布和信息安全等规章制度；2022年，学校在原管理办法基础上发布《关于进一步加强全校政务新媒体管理的通知》，从顶层设计层面规范校内各级新媒体的运营和管理。

新媒体矩阵强调"聚力发声"，通过各级新媒体平台的合作增强信

息的传播力、影响力和公信力。校园是讲述中国故事、弘扬中国精神的场所，要把中国故事讲得更加生动、鲜活、出彩，就要像习近平总书记所说："介绍中国，既要介绍特色的中国，也要介绍全面的中国；既要介绍古老的中国，也要介绍当代的中国；既要介绍中国的经济社会发展，也要介绍中国的人和文化。"[①] 同样，校园这个"微型舆论场"也是如此。例如，在每年的毕业季，学校里都会涌现出一批优秀的毕业生，例如，直博成功的本科生、深入基层就业的学子、参军入伍报效祖国的热血青年等等，他们虽是独立的个体，但其展现出来的刻苦学习、拼搏奋斗的精神则反映了一个时代的学生群体共性。通过新媒体矩阵，加强先进典型的宣传推广，立足人物、故事本身，用生动、鲜活的先进榜样事例鼓舞人、激励人、感染人，对于讲好校园故事具有重要意义。

（二）坚持"百花齐放"，传递校园"好声音"

习近平总书记在党的新闻舆论工作座谈会上指出："要适应分众化、差异化传播趋势，加快构建舆论引导新格局。"[②] 新媒体想要在众多媒体竞争中寻求发展，必然离不开差异化创新传播，既要坚持"核心聚力"原则，又要讲求"百花齐放"。各平台定位不同，内容建设多样，呈现差异化发展趋势。

新媒体矩阵的核心是建立一个多元化、完整的新媒体内容生态圈，根本目标就是为受众提供更好的用户体验，提高品牌价值。对学校而言，校园新媒体矩阵由横向和纵向两部分构成。横向即为"广度"，要建立一整套聚合型的新媒体矩阵，应有针对性地主动占领各新媒体平台。例如，北京大学融媒体中心以"两微一端"为根本，由上至下建立了一套围绕视频号、政务号的新媒体矩阵。其中，视频号包括抖音、B 站、快手、

---

① 中共中央文献研究室. 习近平关于社会主义文化建设论述摘编 [M]. 北京：中央文献出版社，2017：205.

② 习近平. 习近平谈治国理政：第 2 卷 [M]. 北京：外文出版社，2017：333.

小红书等，政务号包括学习强国、今日头条、百家号、人民号，海外媒体包括英文主页、facebook 等，选择知名度高、媒体质量高的流行媒介能够依托于该媒介的庞大用户群体进行深度传播，在横向矩阵中平台占有率较高。要想牢牢掌握意识形态话语权的主阵地，作为学校就要主动去占领这些新媒体平台阵地，充当"意见领袖"发声，强化正向舆论。纵向即为"深度"，指在目标群体重叠度比较高或流量比较大的平台上做深度布局。以西华大学新媒体联盟为例，学校目前 21 个学院及 16 个业务单位均开设微信公众号，少量单位开设了微博、抖音、视频号，学校的党委宣传部负责学校官方平台的运营，包含微信、微博、视频号、抖音、B 站、西华易班微信服务号平台等，已初步形成新媒体平台全面扩展的局面。内容建设上，学校官方新媒体始终以"让越来越多的人看到一个越来越好的西华大学"为宗旨，第一时间传递学校工作动态，围绕立德树人根本任务营造良好学风，各二级平台新媒体账号根据自身定位差异拥有不同的服务主体，发布内容围绕学院人才培养特色和教学科研工作开展等，形成了"差异化"发展的局面，有的可能重视内容的应用价值，有的可能重视理论研究，有的可能风格严肃，有的可能更加活泼接地气，各平台发挥其自身的比较优势，会取得不一样的成果。"西华大学食品与生物工程学院"微信公众号开设"发酵"专栏，收集、整理和刊发生活中的微生物知识，在普及知识的同时宣传学科特色；"西华 i 外院"微信公众号突出外语优势，录制双语视频、开展语言教学，将师生喜闻乐见的生活热点融入其中；"西华大学应急管理学院"微信公众号推广应急专业知识和科普类常识，以润物细无声的方式传递积极正向的价值观。这些新媒体平台都是在"百花齐放"的过程中潜移默化地将立德树人根本任务融入内容构建中，既有学科特色，又有利于人才培养。

（三）发挥师生主观能动性，重视差异化发展

随着新媒体逐渐全面融入人们生活，与"精英文化"相对的"草根文化"逐渐进入视野。短视频时代的来临，人人都可以成为信息的发布者，信息传递渠道也逐渐由传统媒体的单一渠道向多渠道转变。"草根"一词译自"grass roots"，产生于19世纪美国寻金热流行期间，盛传有些山脉土壤表层、草根生长的地方就蕴藏黄金。后来，这个词常应用于社会学领域。"草根文化"强调的是文化主体而非文化属性，具有多元化、平民化、大众化等特征，具体指接地气的民众精神气质，带有浓郁的原生态气息，其借助强大的传播能力深入寻常百姓家，为民众的生活方式、生活习惯和社交方式等带来了巨大的改变。

随着"草根文化"的兴起，越来越多的平民"大v"成长起来。在校园新媒体矩阵中，也形成了一股不可忽视的宣传力量。他们作为平民化的"意见领袖"，拥有大量粉丝，对学生关注的热点话题发表意见、对突发事件的观点态度极易被学生接受，引发受众的讨论，甚至能轻易引导学生的思想和舆论走向。以各高校招生宣传为例，以往各高校的招生宣传方式大都千篇一律，而云南农业大学丁同学的一条视频却显得独树一帜。他的视频仅用手机拍摄，"欢迎报考云南农业大学，我们这里真的不用天天挖地"。一改官方宣传中高端、大气、上档次的语调和画面，用最真实的场景，看似招生"减"章，实则起到了巨大的传播效果。归根结底，只有"接地气"，才能"沁人心"。如今的新生代青年一出生便自带"数字基因"，他们对于互联网技术和新媒体的使用十分熟练，他们将生活中的所闻、所见、所想以短视频等方式呈现在社交网络，甚至有的内容脑洞大开、角度清奇，却没有过度修饰。四川轻化工大学的"小徐呀！"是一名在校生，但其抖音账号却拥有308万粉丝，他的视频从在校生的角度、用同龄人的感受体验来告诉网友学校的学习环境、住宿条件、交通条件，等等，再加上略带夸张的口吻和表演，让人在会心一笑的同时，了解学校的实际情况，也能取得意想不到的宣传效果。这些所谓的平民"大v"虽是在校师生，但可以在草根群体中发出令人意想不到的声音。

这个社会本就是由"草根"组成，所谓的"精英"只是由"草根"选举出来的"意见领袖"，随着新媒体的快速发展，"草根"群体表达意见的途径和方式变得多种多样，所以"意见领袖"又再次回归。因此，充分发挥在校师生的主观能动性，让师生通过主动发声增加学校的话语渠道和传播途径，是高校话语阵地建设不可忽视的一个环节。

（四）以学校文化为纽带，实现整体策划、抱团发展

对于不同的新媒体平台来说，内容是最重要、最核心的组成部分，也是打造品牌的关键，而校园新媒体发布的内容是以学校的文化和中心工作为纽带，因此新媒体矩阵的阵地建设也要以学校文化为纽带，以内容为核心，要努力迎合师生需求，打造原创精品，可以以多媒体形式让内容呈现精细化，以文字、图片、视频等多种形式融合发布，重视内容的原创性，以原创赢得关注度，形成影响力。其次，实现各矩阵单位"抱团"发展。"蒲公英"式的校园新媒体矩阵的运营和发展要同时从核心层、紧密层、外围层出发，要以学校官方账号作为学校对外形象建设的主渠道，认真解读学校政策、传递学校新闻信息，将自己看成学校的"传声筒"，提高话语权威性和公信力。各职能部门、二级院系、学生组织以及广大师生个人等当作新媒体平台的主体力量，不断壮大团结这些主体，并且依靠这些主体，形成人人发声的局面，树立学校正面形象、扩大知名度和影响力。此外，整体策划发布内容的形式、平台。深入研究和准确把握新媒体环境下大众传播的特征和规律，积极主动做好面向新媒体平台的文化产品策划，广泛了解学生受众心理的新特点，以生动的表现形式感染学生群体，以小巧的切入点反映宏大的宣传主题。

第二节　融合"中国问题"与"校园热点"的话语议题设置

相较于社会商业媒体，校园新媒体不擅于设置舆论话题和热点，在舆论宣传中往往处于被动地位，容易被各类网络媒体误导，甚至被"牵着牛鼻子"。众所周知，好的主题可以大幅提升高校的曝光度和美誉度，同时也可以增强在校师生对校园新媒体的好感度、对学校的自豪感，甚至可以增强官方媒体平台的影响力和公信力。面对纷繁复杂的国际态势和社会形式，不断加强校园新媒体的主题设置，也是校园新媒体应对舆情风险的必要举措，有利于营造风朗气清的校园舆论环境。在"内容为王"的全媒体时代，好的议题策划就是流量。新媒体矩阵的建立为牢牢掌握话语权提供了基础，也为话题设置提供了创新的源泉。

纵观百年党史，党的宣传工作取得了巨大成就。党的十八大以来，党的宣传工作立足社会发展需要，从全局出发，统筹谋划设置议题，形成"媒体—受众—政府"议题集合设置模式，打造出许多融通中外的新概念、新范畴、新表述。党的二十大报告指出："新时代党的创新理论深入人心，社会主义核心价值观广泛传播，中华优秀传统文化得到创造性转化、创新性发展，文化事业日益繁荣，网络生态持续向好，意识形态领域形势发生全局性、根本性转变。"[①] 这样的变化与宣传工作的推进和创新有着密不可分的关系。那么，如何通过加强话语主题设置，提升主流舆论影响力，引导学生树立正确的人生观和价值观？如何凝聚传播合力，提升高校宣传实效，弘扬传递思想正能量？这些是新时代高校思想政治工作面临的一项重要任务。

---

① 习近平.高举中国特色社会主义伟大旗帜为全面建设社会主义现代化国家而团结奋斗：在中国共产党第二十次全国代表大会上的报告 [M]. 北京：人民出版社，2022：10.

一、新时代校园新媒体话语议题设置的根本遵循

议程设置理论是传播学中的重要理论之一，在舆论引导和信息传播等方面发挥着巨大的作用。该理论认为："大众传播对某些议题的着重强调和这些议题在公众中受重视的程度构成强烈的正比关系。换言之，在大众传播中越突出某一事件，多次、大量地报道某一事件，就会使社会中的公众突出地议论这一话题。"① 简而言之，议程设置理论的核心就是大众传播媒介往往不能决定人们对某一事件或意见的具体看法，但可以通过提供信息和安排相关的议题来有效地左右人们思考问题的方向，以及影响他们对待问题的关注程度。

议题设置之所以能够影响公众的思想，并不是指大众传播媒介能够决定受众在想什么，而是指反复报道某一议题，通过大量的宣传让受众在大脑中形成一种思维惯性，认为所宣传的内容就是"应该关注"的。当确定了议题之后，大众传播媒介就会通过集中、重复宣传等方式来吸引受众的注意，因此，该议题就会在短时间内成为公众舆论的热点和焦点，新浪微博的热搜榜和话题设置正是基于这样的原理。其次，面对着每天庞杂而又海量的信息，受众往往会无所适从，不知道从哪里开始接收信息，于是信息传播就越来越呈现碎片化趋势。大众传播媒介在信息传递过程中会充当"把关人"的角色，为受众筛选值得他们关注，或是媒介希望他们关注的信息。因此，受众所接收到的信息往往是已经经过"筛选"和"把关"后的信息，这样，大众传播媒介就能达到影响公众舆论的目的。此外，新闻宣传具有相对客观性，其议题设置的口吻和立场，会在一定程度上影响受众的想法。那么，新时代校园新媒体话语阵地建设议题设置需要遵循哪些基本原则呢？

---

① 麦库姆斯.议程设置：大众媒介与舆论[M].2版.郭镇之，徐培喜，译.北京：北京大学出版社，2014：38.

（一）适应国内外形势发展，从党的工作全局出发把握定位

习近平总书记指出："党的新闻舆论工作是党的一项重要工作，是治国理政、定国安邦的大事，要适应国内外形势发展，从党的工作全局出发把握定位，坚持党的领导，坚持正确政治方向，坚持以人民为中心的工作导向，尊重新闻传播规律，创新方法手段，切实提高党的新闻舆论传播力、引导力、影响力、公信力。"① 新时代，中国共产党进行宣传工作要以寻求价值共识为出发点和落脚点，新时代，全面深化改革已经成为推进中国式现代化的根本动力，但全面深化改革也带来了一系列的社会矛盾，这就要求大众传播媒介在寻求政治价值共识的议题设置的同时，从党的全局工作出发，系统性地进行议题设置，构建全国各族人民齐心协力共筑中国梦的深度认同。

成功的议题设置往往能影响受众思想。议题设置理论反映的传播规律已由大量事实所证明。在民主主义革命时期，中国共产党在不同的历史阶段和不同的内外形势下，适时提出革命纲领、动员口号、战斗宣言等，形成了强大的舆论引导力，主动掌握国内话语权，实现了对于革命统一战线的政治领导，进而成为凝聚民心、共同抵御敌人的推动力量。新媒体时代，如果能继续利用这一规律，主动适应国内外发展的新形势、新要求，从党的工作全局出发把握定位，因地制宜调控校园意识形态领域的议题设置，对于牢牢掌握校园意识形态工作话语权大有裨益。

（二）坚持实事求是，主动科学地设置政治议题

校园意识形态工作有其特殊性，设置议题时要始终保持清醒头脑，明辨是非，坚定正确的政治导向，弘扬社会主义核心价值观。不同地区、不同层次的学校、不同师生在思想政治方面，既有共性问题，也有个性问题，不能"一刀切"进行思想引导，而是要立足实际、实事求是地开

---

① 习近平. 习近平谈治国理政：第 2 卷 [M]. 北京：外文出版社，2017：331.

展意识形态工作，不能凭借主观臆测去设置议题，必须要做好调查研究工作，掌握学校师生感兴趣的话题；要具体问题具体分析，坚持群众路线，在议题设置过程中及时回应师生关切的问题，为他们答疑解惑。

新时代，做好党的宣传工作，就必须围绕习近平新时代中国特色社会主义思想进行科学的议题设置。就国内目前的宣传而言，"以人民为中心""全面小康""中华民族共同体意识""凝聚共识""四个全面"等话语议题都体现了"共识性"的深刻内涵，诸如此类政治议题的设定，为凝聚起全体中国人民共筑中国梦的磅礴力量创造了良好的舆论环境。对在这样的舆论环境之下的校园新媒体宣传而言，要想牢牢掌握主流意识形态话语权、凝聚话语共识，增强党的理论在校园师生群体间的认同感，就要立足高校实际，坚持实事求是的原则，以传播马克思主义理论和习近平新时代中国特色社会主义思想为根本，主动科学地设置具有共识性的意识形态议题，建构共识性的意识形态话语体系。

（三）把握议题传播规律，牢牢掌握话语领导权

在传统宣传工作中，最重要的原则是"时、度、效"。时，就是要把握好时机和节奏；度，就是把握好力度和分寸；效，就是要注重效果和实效。如果不及时主动解读主流意识形态，其他观点就会占据解读优先权；如果自身观点摇摆不定，受众则会被不明确的信息误导；如果不注重传播的效果，那么议题设置的作用就不能最大程度发挥出来。无论面对何种情况、设置何种议题，要在第一时间向受众发布信息，努力做到重大问题不缺位、关键时刻不失语，通过增加正面发声的频率，挤压负面信息存在的空间和时间，切实把宣传思想工作的主动权、主导权牢牢掌握在自己手中。作为校园新媒体，掌握"时、度、效"原则，走符合新闻传播规律的创新之路是关键。要坚持与时俱进，主动宣传党的新思想、新主张；要分析受众的喜好，根据各个校园新媒体不同的传播特点，设置各有侧重的宣传议题，同时确保内容真实性；讲好校园典型故

事，不断增加报道的吸引力和感染力，使报道有声的同时，更有感染力。

（四）提升把关能力，优化议题选择，增强话语引导力

随着时代的进步，网络媒体信息增多，这就导致了传播的信息内容的冗杂。全媒体时代，学生从网络上快速获取信息的方式多种多样，由于已经知道了议题的大致内容，其往往已经形成了自我认知和判断。在此基础上，再对学生加以引导往往会导致其出现抵触心理。所以，校园新媒体要扮演好"把关人"角色，加强对信息的甄别和筛选，设置适合在校园新媒体平台传播的议题，通过校园新媒体矩阵加大宣传力度，引发学生关注和思考，从而增强学生对国家大事、新政策、新理论、新思想的理解和解读能力，引导他们既成为信息接收者，又成为新政策、新理论、新思想的传播者，进而在潜移默化中增强校园新媒体的话语引导力。

二、正能量：理论宣传类议题设置策略

中国特色社会主义进入了新时代，无论是理论层面，还是实践层面，都为新闻报道提供了取之不尽、用之不竭的话题和素材。讲好中国故事，传播中国好声音，弘扬中国精神。其本质是内容，议题设置只是开始。在校园新媒体话语阵地建设过程中，合理的议题设置会让学生更容易接受新媒体思想政治教育的内容，使得校园思想政治教育真正达到"润物细无声"的效果，可以有效提升校园新媒体的话语引导力。那么，全媒体时代信息传播的渠道、方式都多种多样，如何将这些正面有效的信息准确无误地传递给学生，如何融合"中国问题"和"校园热点"，如何加强校园新媒体话语议题设置，是新媒体在正式开始进行内容创作之前首先要关注的问题。

（一）紧扣时代发展主题，主动设置科学的政治议题

在信息爆炸的时代，做好学生的"引路人"和"把关人"，及时引

导学生，为学生创造充满正能量、积极向上的学习环境，有利于中国共产党牢牢掌握话语权。校园新媒体议题设置是否与时代紧密相关，是否随着时代的发展而不断调整和更新，会直接影响学生参与学习的意愿和热情，影响主流意识形态话语对于学生思想体系塑造的引导力。

　　新时代背景下，校园新媒体可以设置的理论宣传和新闻议题有哪些呢？重要的理论、伟大的实践成果、社会的发展变迁等诸如此类的议题都可以进行宣传。2023年是全面贯彻落实党的二十大精神的开局之年，在理论宣传的议题上，必须把党的创新理论作为青年学生的必修课，要紧扣时代发展主题、把好导向、突出重点，结合学习贯彻习近平新时代中国特色社会主义思想主题教育，紧贴学习宣传贯彻党的二十大精神这条主线，在宣传过程中巩固壮大奋进新时代的主流思想，加强正面宣传，强化议题设置、将校园好声音传播得更广、更远、更深入，巩固壮大主流意识形态，使积极向上的主旋律在校园学生群体间得到有效传播。结合实践结果来看，精心做好重大主题宣传和重大议题设置，具有显而易见的意义和价值。例如，2023年2月，由中央网信办主办的"团结奋进新征程 奋楫扬帆再出发"2023年网上重大主题宣传和重大议题设置发布启动仪式举行。按照中宣部统一部署，中央网信办统筹指导各地各网站，将牢牢把握习近平新时代中国特色社会主义思想作为网上宣传的首要政治任务，紧扣学习宣传贯彻党的二十大精神这条主线，精心制定2023年网上重大主题宣传和重大议题设置方案。设置的议题包括"核心领航思想指引""光辉岁月 壮丽图景""天下一家 命运与共""文明家园 数字中国"等，其中在"核心领航 思想指引"主题中，"理'响'中国之铿锵有力"理论宣传项目持续推出宣讲视频，意在通过党校青年教师用微视频方式，以深入浅出的理论阐释、生动鲜活的话语表达，深刻领悟和阐释"六个必须坚持"的核心要义，为广大青年营造学习贯彻习近平新时代中国特色社会主义思想的浓厚氛围。该项目不仅受到学生与网友的点赞认可，也成为学习党的二十大精神的"爆款"产品。

（二）选择及时恰当的时机，把握大势统筹谋划议题

"拜金主义、享乐主义、极端个人主义和历史虚无主义等错误思潮曾不时出现，网络舆论乱象丛生，严重影响人们思想和社会舆论环境。"① 习近平总书记站在两个大局的高度，就新形势、新局势对宣传工作提出了许多新思想、新观点与新要求，指出"把握大势、区分对象、精准施策"。② 观大势、谋大事，做到因势而谋、应势而动、顺势而为。如今学生多为21世纪出生的新兴青年，他们从一出生就自带"数字基因"，能够从互联网获取一切他们想要知道的内容。那么，处在信息量爆炸时代，最恰当的宣传时机是什么？需要向这群青年宣传什么内容？其实，当学生群体广泛关注某一话题时，或是存在疑惑需要官方声音为他们做出解答时，就是进行议题设置、加强思想政治教育的最好时机。随着时代的变迁，各种新思想、新观点层出不穷，当新理论、新政策出台的时候，国内大众媒介会开启广泛宣传，如果这样的新思想、新政策、新理论和学生生活、学习、工作息息相关，便会深刻影响学生的生活，这种时候，学生就会开展激烈的讨论和研究，此时通过议题设置，解答学生们的疑惑，会形成良好的宣传效果。例如，2022年5月12日，教育部官方微信"微言教育"发布了一条题为"李克强主持召开国务院常务会议决定阶段性免除经济困难高校毕业生国家助学贷款利息并允许延期还本等"的信息。此推文一出，立刻引发国内各高校官微的转载，西华大学官微也进行了转载，有粉丝后台留言："感谢国家！正在愁这个呢！"由此可以看出，设置议题时选择恰当的宣传时机，有助于学生对新政策、新理念的理解，减少学生对其误解和不知情等情况的出现，有助于提升校园新媒体的引导力和公信力。

---

① 习近平.高举中国特色社会主义伟大旗帜为全面建设社会主义现代化国家而团结奋斗：在中国共产党第二十次全国代表大会上的报告 [M].北京：人民出版社，2022：5.
② 习近平.论党的宣传思想工作 [M].北京：中央文献出版社，2020：342.

（三）增强话语力量，旗帜鲜明地展示议题观点

党的十八大以来，以习近平同志为核心的党中央高度重视宣传工作，其在正面议题设置方面体现了鲜明的意识形态观点。包括始终坚持以马克思主义为议题设置的核心内容，牢牢抓住意识形态领导权，把人民当作宣传工作的实践主体、认识主体、价值主体与历史主体，立足于中国实际，加强议题策划与设置，主动讲好党治国理政的故事、中国人民奋斗圆梦的故事、坚持和平发展合作共赢的故事。①"伟大复兴中国梦""伟大建党精神""中国式现代化""中国梦"等议题既正面阐释了国家重大战略，又旗帜鲜明地阐释了中国特色社会主义核心价值体系、社会主义制度、马克思主义中国化的科学内涵与特色，同时也牢牢掌握了中国发展进程的阐释权与话语权。面对热点事件，高校新媒体必须抢抓话语权，通过议题设置旗帜鲜明地表达自己的观点，引导学生感党恩、听党话、跟党走。例如，新中国成立70周年阅兵式上，整齐的队伍、威严的军容让人肃然起敬、展现日益强大的祖国的同时，也容易引发中国人民强烈的自豪感。在阅兵仪式结束后，各高校开始报道本校参加阅兵仪式的在校师生、校友面孔，这不仅有利于提升师生的集体荣誉感，还能够让师生意识到"他们就在身边"，有力消解了西方意识形态话语的虚假性，揭示其话语陷阱。

三、时度效：新闻类议题设置策略

新闻类议题拥有新闻的本质特征：真实性、时效性、准确性。校园新媒体在进行新闻类议题策划时，既要找准宣传的契合点，体现社会主义办学方向，宣传党的教育主张，也要从广大师生的视角，突破传统报道的桎梏，提出与传统媒体新闻报道不同的议题，进一步发挥校园新媒体的桥梁

---

① 张丽丝.新时代党的宣传工作中议题设置的逻辑进路[J].四川师范大学学报，2023，50（2）：19-26.

纽带作用，建立与师生互动、反馈的机制，关心关爱学生，倾听师生内心想法，掌握师生思想动态，为高校各项事业的发展提供广开言路的渠道。

（一）时：抓时机、有时效

新媒体的显著特点之一就是传播速度快，时效因而成为新媒体争夺用户的核心竞争力。校园新媒体话语建设要充分利用这一特点，设置议题时要充分认识到传播技术发生的变化，抢抓时机，利用校园新媒体矩阵，对于校园热点事件和重大题材，采用"中央厨房"模式，构建一体化的采编模式，要确保官方媒体"首发"，也要迅速列出报道清单，按照选题清单有针对性地进行采访报道。例如，2023年7月28日，成都第31届世界大学生运动会正式开幕。作为世界大学生群体的青春盛宴，四川各高校学生纷纷以各种身份参与其中，例如，护旗手、火炬手、演职人员、现场观众、志愿者，等等。当天晚上至第二天，几乎所有四川高校都将目光对准大运会开幕式，四川大学发布《成都大运会开幕式上的川大人》，西南交通大学发布《大运会开幕！宣誓裁判，交大人！》，四川音乐学院发布《聚焦开幕式 | 运动员入场式欢迎表演，有这些四川音乐学院学子身影》，西华大学发布《超燃！成都大运会开幕式上的西华人！》等。各高校将议题设置关注点集中于大运会开幕式，增强了本校同学的参与感和自豪感，取得了良好的宣传效果。

面对新闻事件，舆论各方都非常注重信息发布时效，如果主流意识形态不及时主动，其他观点就会占据解读优先权。因此，学校要善于打主动仗，抢抓时效，在第一时间发布信息，争取获得"第一解释权"。同样，在舆情发生时，学校也要把握回应的"黄金时间"，及时掌握舆情的具体情况，第一时间通过官方渠道发出声音，方能消解负面议题，有效引导舆论。

（二）度：把分寸、有尺度

议题设置的背后，隐藏着媒介自身的利益诉求。真实、客观、准确的新闻议题有利于形成公正、理性、客观的舆论环境。设置议题时如何掌握好分寸，把握好尺度，是新闻宣传者需要重点考量的问题。新闻贵在真实，失去了真实性，新闻也就失去了价值。因此，在进行新闻类议题策划时，首要前提是设置的议题内容要保证真实。校园新媒体平台要始终坚守新闻的真实性这一底线，通过深入报道身边人、身边事，广泛深入基层，把议题设置的镜头对准一线师生，力求真实、客观地反映校园的实际情况，反映在校师生青春、积极、乐观、健康的正面形象。要多设置身边的先进典型和感人事迹议题，丰富师生精神世界，那些庸俗、媚俗、低俗的话题，即使能够带来巨大的流量，也不能进入校园新媒体的选题视野。与此同时，在进行艺术加工提升议题趣味性的同时，要避免成为"标题党"，防止夸大宣传、虚假宣传。

此外，校园新媒体开展议题设置，需要把握恰到好处的"尺度"。大水漫灌、刻意拔高、过分煽情的议题，不仅不会引发受众的共鸣，还会起反效果，引起受众反感。例如，安徽宁国市关于"领导看望老人"新闻报道本是正常的工作议题，却在发布时采用了"PS悬浮照"，且技术不精，让受众一眼就看出了真伪，成为笑柄。

（三）效：显实效，促提高

要把握新媒体规律，使正面宣传创新落地，讲好校园典型故事，传播校园主流声音，不断增加报道的吸引力和感染力。在重要活动、重大主题的议题中，以师生群体为中心，通过找准社会、师生、学校沟通的共鸣点，线上多媒体平台发布内容，最大限度地让学生获得校园信息，拓宽学习视野，不断提升校园新媒体的传播实效，将思想政治教育元素融入新闻宣传的各个方面。

如今，互联网的迅速发展让社会群体迅速分化，尤其是当代青年人，他们越来越清楚自己想要什么、关注什么。灌输式的议题并不能使传播入脑入心，过去那种规模式、集中式的新闻议题，很难打动他们，更难以引导他们的思想观念。在主题教育开展过程中，如何真正深入学生群体，身体力行地宣讲理论、政策是大多教师关注的问题，这一阶段各学校的议题设置也体现了主题教育的开展情况。开学初，西华大学印发《西华大学 2023 年春季学期系列教育引导活动工作方案》，要求各班级结合实际，以"青春践行二十大"为主题组织"开学第一次主题班会"，分享践行党的二十大精神、立志成长为新时代好青年的思考和实践。活动要求校院领导、思想政治理论课教师、专业课教师等共同参与，围绕学生提出的成长困惑以及关心的就业、升学等问题提供有针对性的引导，激励他们厚植家国情怀，涵养进取品格。结合这一活动，学校新媒体策划了一系列校领导深入课堂给学生上思想政治理论课、班会课的议题。但是，此类新闻议题如果不加以创新，容易陷入"灌输式"的宣传中。实际上，这些议题策划的侧重点并不是校领导的身份，或是阐释了什么理论，而是他们以普通教师身份深入课堂，结合他们自己的人生经历，给学生上了一堂鲜活的课。

四、创新性：文化类议题设置策略

媒体所设议题与受众相关性越大，议题设置的效果就越好。新媒体在高校的广泛运用，有助于展延意识形态议题的影响范围。毋庸置疑，传统的理论灌输覆盖面相对有限，传统媒体（如新闻网、纸质校报、宣传橱窗、广播电视等）的宣传方式过于单一，而新媒体的互动性、便捷性将学生生活全方位囊括其中。有学者指出："当代大学生可能不看纸质报刊，但同学之间一定通过新媒体互通信息。这就可能意味着，一位学生对思政课课堂上教师的条分缕析充耳不闻，却会为朋友圈里的一则正能量故事而热泪盈眶，为一个公共议题而点赞转载。"[①] 运用新媒体设置

---

① 罗永宽，李燕. 微时代的议题设置与高校意识形态话语权的提升 [J]. 云梦学刊，2017，38（4）：1-4.

议题，可以提高师生对问题的关注度，使其心中模糊不清的感受明朗化，在此过程中，对于一些刚显现的消极情绪，可以采取针对性措施及时化解和引导。

（一）有态度：及时跟进校园热点设置议题

校园的新媒体议题设置以校园师生关心的议题为中心，如突出家国情怀、社会关爱、道德修养等主题。例如，西华大学官微开设"最美西华人""书香西华""西华毕业季""学术西华""奋进西华"等专栏，间断性报道议题相关内容，既与社会主义核心价值观相契合，又容易引起广大师生校友的关注，是师生兴趣和网络思想政治教育的结合点。对于校园新媒体而言，有一些固定的校园热点是每年循环的，招生季、就业季、毕业季、迎新季、开学季、考试季……根据每个时间节点设置相关议题，满足学生需求的同时，增强用户黏度。例如，就业季期间设置招聘技巧、简历制作相关议题，为学生找工作提供技巧和建议；招生季根据高考的考试、查分、填志愿和录取时间，分时段设置加油鼓励类、宣传学校类、录取查询类议题，为有意向考入本校的高考生提供周到的服务；考试季期间，根据不同考试设置不同议题，考研前邀请成功上岸的学长学姐谈经验，期末考试前邀请学霸讲述学习和复习技巧，四六级考试前邀请外国语学院教师分享英语应试技巧，等等。每一个时间节点对应一个校园热点，把握这些热点并及时设置议题，既回应了广大师生关注的问题，又迎合了他们的喜好。

此外，校园新媒体在掌握社会热点事件和校园热点话题的基础上，寻找适合本校的宣传点，及时策划相应的宣传报道，也是掌握议题时机的一个关键。校园新媒体在设置议题时，运用技巧，在最恰当的时机将议题以最合适的形式呈现给学生，会达到事半功倍的效果。例如，在电信诈骗案件频发的当下，部分校园内的学生也出现了被骗的情况，在四川省教育厅的号召下，四川各高校恰逢其时开展防诈骗宣传教育，引导学生了解电信诈骗的具体案例，树立防骗意识。西华大学官方微信联合属地派出所，整合当地电信诈骗真实案例进行推送，起到了良好的宣传效果。当国内媒体屡屡爆出国内高校师生受境外势力威胁，做出一系列危害国家安全的事情的消息时，四川省高校纷纷利用"国家安全宣传日""网络安全宣传周"等时机，设置安全教育议题，开展国家安全教育专题教育，帮助学生树立"国家安全人人有责"的思想观念，增强学生的国家安全意识。

（二）有深度：利用新媒体技术科学设置议题

随着时代的发展，新媒体技术层出不穷，如今的新媒体不仅能展示图文，而且能进行"图片＋文字＋视频＋语音"的综合内容展示。其可以利用新媒体编辑中的 SVG（可缩放矢量图形）技术，使正面宣传创新落地，也可以利用 H5（HTML5）技术，让宣传接地气、有创意，提升报道感染力，让议题策划有深度、有态度。

2023 年 8 月初，河北省涿州市遭遇严重汛情，为了解答受众关于"涿州市哪里受灾最严重？支援涿州的逆行者来自何处？谁在保障物资流动？"的问题，央视新闻通过卫星雷达数据和信令大数据（信令：手机与基站之间交换的通信数据信息，包括用户位置等），为受众绘制了视频（图 5-1）。这种"高科技"的议题却呈现出"低呈现"的特点，并没有将镜头直接对准这群"逆流而上"的救援者，而是通过新的视角、新的技术，对当地熟悉地形路线，积极参与救援的外卖员、快递员进行了正面宣传，既报道了新闻事实，又十分接地气，让"小故事融入大主题"。

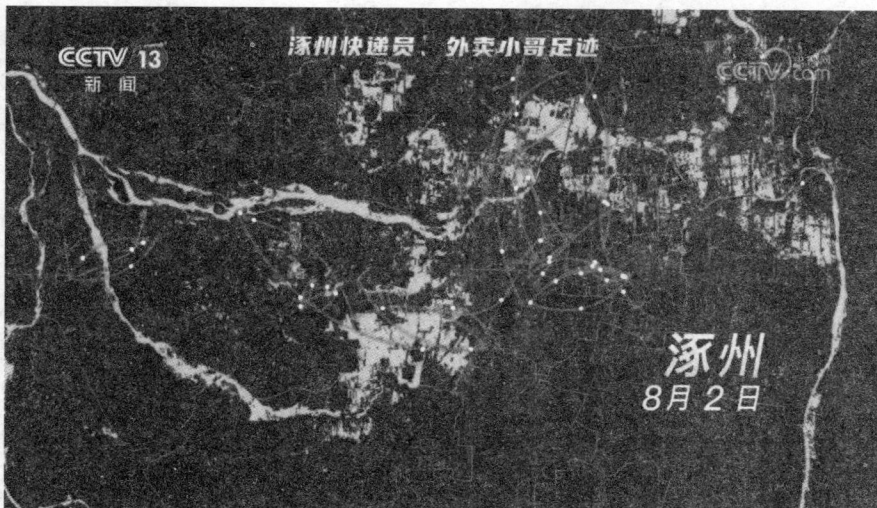

图 5-1 央视报道截图

（三）有温度：围绕受众普遍关心的问题设置议题

新闻舆论工作是做人的工作，媒体所设议题与受众相关性越大，议题设置的效果就越好。校园新媒体开展文化类议题设置，不能阳春白雪、曲高和寡，要充分考虑受众心理、兴趣爱好等因素，努力做到循循善诱、因势利导，才能达成议题报道动机与效果的高度重合。要秉持"一切为了学生，为了学生的一切"原则，精准回应师生普遍关心的现实利益问题，最大限度地统一思想、凝聚共识。民生议题一直是学校重点关注的议题，因此在议题设置时与其直接告诉受众学校关系民生做了"哪些好事"，不如让受众直接"参与"其中。西华大学为了让学生有更好的学习生活条件，于 2022 年启动了修建第五食堂和新宿舍楼的计划，在正式开工前，官方微信策划了一条《西华大学第五食堂和宿舍楼要来了！你喜欢不？》的议题，向大家公布修建计划的同时，也向校内外师生广泛征求对于设计图、规划、功能区设定等的意见和建议。此外，为了更好地形成校园文化整体氛围，提升各校区师生员工的归属感与认同感，增强文化育人功能，学校公开征集宜宾校区主要楼宇、道路及景观的名称，并先后发布征集通知和投票方式，让广大师生员工参与到新校区的建设之中，不仅改善了民生，也起到了良好的宣传效果，让人感受到学校对在校师生意见的重视，以及学校对学生的关心关爱。

第三节 立足"中国故事"和"校园实践"的话语内容生产

精彩的议题设置，往往是时机、技巧、策略、方法的有效运用。有了好的选题，还要有精准到位、耳目一新、引人入胜的内容生产，才能取得预期的效果。随着我国新媒体的迅速发展，全面融合的特征与趋势已经明朗化。在媒介融合的过程中，5G 技术的广泛应用，人工智能、大数据等新兴技术的发展将进一步推进新媒体生态革新，然而这一切仍然离不开优质的内容作为支撑。习近平总书记强调："要运用新媒体新技术使工作活起来，推动思想政治工作传统优势同信息技术高度融合，增强时代感和吸引力。"① 全媒体时代，"坚持以内容为王"始终是大势所趋，也是媒体参与市场竞争的核心力量和立身之本。要了解校园新媒体矩阵的话语生产内容，就要回答好"谁来讲""讲什么"的问题。

一、建立全方位、多层次、多视角宣传格局

有学者认为，与传统媒体相比，新媒体所具有的一系列新特点正在使现代社会信息的生产传播方式以及人们的思维行为模式发生着巨大变化，带来了一场真正意义上的信息革命。新媒体时代，随着互联网技术的发展，内容生产呈现话语主体多元化、话语载体多样化、话语内容自

① 习近平.把思想政治工作贯穿教育教学全过程 开创我国高等教育事业发展新局面[N]. 人民日报，2016-12-09（001）.

由化、话语传播即时化的特点，新媒体平台成为公众自由产出内容的集合地，话语传播速度快、成本低、覆盖广、影响大，在极短时间内就能形成舆论。在这样的大环境下，人人都是话语内容生产者，人人都可以自由创作。建立全方位、多层次、多视角宣传格局的根本，就是回答校园新媒体内容"谁来讲"的问题。

（一）师生主体，在第一视角宣传中引发共鸣

在宣传过程中，往往那些亲身体会、让人能够身临其境的内容才更容易引发受众的共鸣。师生是学校的首要主体，应通过师生的视角打造校园 IP 形象，树立全员话语自信，在形象宣传中达成共识，讲述不断发展变化的校园故事。在校园新媒体上给予师生发声的机会，在新闻网、微信、校报上刊登他们的文章，在校园广播中倾听他们的声音，在校园电视上看到他们的身影，让他们在校园宣传主阵地上"摇旗呐喊"，加大主流思想宣传力度。以招生宣传期间的内容生产为例，只有当师生凝聚共识，共同发声，才能全方位提升学校整体实力和形象的认知度和美誉度。通过教授说校园、学长学姐带你逛校园等形式，动员全校师生、广大校友一起主动为学校代言，讲好校园故事，传递校园声音。

（二）校媒联动，在自我表达中深化认同

前文提到，话语阵地建设过程中的重要环节就是新媒体矩阵的建立。其中，横向的新媒体矩阵就是校内各级新媒体账号。一所学校上万名师生员工，每个学院、每个班级每天都有新鲜事发生，在内容生产过程中，仅靠官方媒体平台来挖掘和产出内容精力有限。因此要充分挖掘各学院、部门，甚至师生个人新媒体账号的内容挖掘和创作能力，形成校园新媒体联动发声的态势，实现新媒体矩阵之间的内容协同、彼此呼应、催生优秀作品，提升校园内容传播力和影响力，在表达过程中深化自我认同。

（三）团队孵化，培养一批学生"意见领袖"

在学校中，学生是最大的内容生产力，尤其是新媒体相关专业的师生，他们熟知新媒体传播规律，了解新媒体发展策略，是最优质的新媒体内容产品输出主体。通过孵化优质团队，让更多的老师和学生参与到新媒体内容产出中，在减少创作压力的同时，也能培养人才。此外，通过有意识地培养、发现和挖掘分布于各新媒体平台的学生"大V"，他们"非官方"的表达，可以成为真实信息的传递者和积极情绪的传播者，凭借其自身的影响力带动学校的影响力，凝心聚力，消解消极情绪，弱化负面舆论。

（四）借力外媒，营造良好的外部媒介环境

学校的宣传思想政治工作是社会大宣传格局的重要组成部分，不能脱离社会环境而孤立存在，要善于借助和发挥社会媒体资源的作用。要打通社会媒体和校园新媒体的沟通渠道，探索建立校园新闻宣传工作人员和社会媒体工作人员的互联互通工作机制，与媒体交朋友，向媒体要平台，形成外媒与校园新媒体的合作共赢之势。

二、新媒体时代校园新媒体话语内容生产思路

党的十八大以来，习近平总书记多次强调："讲好中国故事，传播中国好声音。"① 其为高校加强大学生理想信念教育指明了方向，提供了根本遵循。新媒体时代，话语阵地的竞争实质就是内容的比拼。话语内容是新时代网络意识形态话语权构建的内容，回答的是"说什么"的问题，如若没有内容，新媒体很难产生影响力。新媒体在不断发展，流量横行的时代终会过去，通过深挖内容，打造"内容为王"的新媒体矩阵传播是发展的必然。学校作为思想宣传的重要场所，要想在内容传播中注入

---

① 中共中央文献编辑委员会．习近平著作选读：第2卷[M]．北京：人民出版社，2023：194.

新的活力，就要以内容为抓手，以真情实感的表达为关键，利用新媒体的规律和特点，结合当代青年群体喜闻乐见的形式加以创新，不断创新创造传播内容。

（一）以引领力为根本，在有趣有料中传递思想价值

"理论只要说服人，就能掌握群众；而理论只要彻底，就能说服人。所谓彻底，就是抓住事情的根本。"[①] 国际上现在仍不乏唱衰中国的声音，一些西方国家霸权主义、强权主义横行，企图用自己强大的世界话语权掌控全球意识形态主导权，对中国充满了诋毁和偏见。放眼国内，在学生群体中，由于部分学生缺乏判断力，也存在着历史虚无主义、"普世价值"等错误思潮。高校作为意识形态的主阵地，要运用习近平新时代中国特色社会主义思想和中国卓越的发展成就驳斥这些错误思潮的荒谬之处，要想做好正面内容的宣传工作，就要主动讲好中国故事，而中国共产党带领中国人民实现中华民族伟大复兴的历史征程，就是讲好中国故事最生动的素材。要将"中国智慧""中国方案"对世界的贡献，以及"一带一路""人类命运共同体""和平发展观"等内容融入新媒体内容生产，时刻把握时代脉搏，与时俱进。

随着综合国力的增强，每一个学生都对国家的经济发展和社会进步感同身受，他们是第一个百年目标实现的亲历者、见证者和参与者，通过脱贫攻坚故事、冬奥故事、中国航空航天故事等主题报道，直击学生内心，向他们展示富强的中国形象，引发情感共鸣，最终达到入脑入心的传播效果。2018 年 10 月，港珠澳大桥正式通车，这是一项举世瞩目的超级工程。西南交通大学官微推送《港珠澳大桥通车！大国工程背后的交大力量》一文，展示西南交大人在港珠澳大桥工程上贡献的智慧和汗水，获得了 10w+ 的点击量。此文一出，激发了受众对于"大国重器"

---

① 中共中央马克思恩格斯斯大林著作编译局. 马克思恩格斯文集：第 1 卷 [M]. 北京：人民出版社，2009：11.

的科技自信，以及部分受众作为"交大人"的自豪感。

此外，如何将党的理论清晰化、可视化，是"讲好党的理论政策"的关键。例如，党的二十大会议期间，会议进程、党的二十大报告内容等是媒体报道的主要内容。《人民日报》的受众比较广泛，其新媒体平台在对党的二十大报告进行解读时，除了全文展示，还会根据不同人群的信息需求，从政治、经济、文化、民生、教育等领域对于党的二十大报告进行解读，而其解读方式并不是全文刊载，而是通过提炼、总结、划重点方式呈现。例如，2022 年 10 月 19 日推送的《收好这份思维导图，一起学习党的二十大报告》一文，用时下最流行的"思维导图"式学习方式将整份报告图解化，满足受众学习需求的同时，润物无声地推动了党的理论政策"飞入寻常百姓家"。2022 年 10 月 28 日推送的《转存！党的二十大报告学习笔记》中，分别就"党的二十大主题""三个务必""十年来的三件大事""中国共产党的中心任务""中国式现代化""五个必由之路"等报告中的关键词进行了单独呈现，获得网友好评。

（二）以文化自信为底气，弘扬优秀精神文化

高校是先进文化的"孵化园"，校园媒体要从先进文化中汲取养分，建构具有文化内涵、文化自信、适应时代发展的媒体话语，让师生对中华优秀传统文化、社会主义先进文化充满自豪感。中华民族精神源远流长，是社会主义先进文化的重要来源。在创作题材上，社会主义核心价值观、红色文化、地方文化等都是校园新媒体的创作源泉，学校通过新媒体更好地讲述中国故事，培养师生的文化自信。

要建构新时代网络思想文化话语权，就要传承中华优秀传统文化，发扬中华民族精神。弘扬优秀精神文化，增强学生民族自信心，培育学生以爱国主义为核心的民族精神，是主流意识形态建构的重要环节。具体内容如下：

一是培养爱国主义精神。习近平总书记强调："要讲好党的故事、革

命的故事、根据地的故事、英雄和烈士的故事，加强革命传统教育、爱国主义教育，把红色基因传承好，确保红色江山永不变色。"① 中国的近代史是一部屈辱史，近百年来，无数革命先烈抛头颅、洒热血，换来了如今的和平生活。"七七事变""一二·九运动""8.15日本投降"等历史事件，校园新媒体关于其的宣传重点一定是"铭记历史、珍爱和平"。通过每年对这一类固定内容的宣传，加强学生群体对于历史事件的了解，展现革命先烈为国家、为民族、为人民的理想和信念，弘扬自强不息的民族精神，提升革命文化的新媒体传播效能，培养学生爱国主义情怀。

二是弘扬优秀传统文化。习近平总书记指出："对历史文化特别是先人传承下来的价值理念和道德规范，要坚持古为今用、推陈出新，有鉴别地加以对待，有扬弃地予以继承，努力用中华民族创造的一切精神财富来以文化人、以文育人。"② 文化自信不是对自身文化的故步自封，坚定文化自信就要在内容中勇于展现自身文化。传承和弘扬中华优秀传统文化，就要厚植传统文化"两创"沃土，主动拥抱青年，深深根植青年，让青年学子成为中华优秀传统文化的传承者、践行者、传播者。2023年6月，四川省2023年高雅艺术进校园——雷波民族音乐专场"新征程卡莎莎"在西华大学拉开帷幕，校内各平台通过图文、视频的方式，对这场表演进行报道，该表演既是一次原生态民族民间艺术的享受，也是一次脱贫攻坚和乡村振兴主题的生动思想教育，其能引导大学生厚植爱国情怀、培养民族情感、陶冶道德情操、坚定文化自信。

三是培育爱校荣校精神。爱校荣校是一种校园文化和精神，它代表着学生对自己所在的学校的认同和热爱，同时也代表着学校的荣誉和社会声誉。要打造自己的文化品牌，通过新媒体平台展现学校办学特色、校风校训等文化内核，激发高校师生的普遍认同，要在内容生产时广泛

---

① 习近平. 坚定信心埋头苦干奋勇争先 谱写新时代中原更加出彩的绚丽篇章 [N]. 人民日报，2019-09-19（001）.

② 习近平. 习近平谈治国理政：第1卷 [M]. 北京：外文出版社，2018：164.

创作与学校精神文化相关的内容，推动学生了解校史，认可学校的发展，在校园中实践爱校荣校的精神，增强学生的归属感和自豪感。西华大学前身四川工业机械学院缘起于毛泽东主席在 1958 年发布的"农业的根本出路在于机械化"著名论断，而毛泽东主席的这条论断是在 1958 年 3 月 16 日视察郫县红光社时提出的。为了纪念这一重要史实，西华大学官微每年的 3 月 16 日会围绕这一主题，回顾学校历史、展望发展未来、讲述学校农机学科发展，通过每年重复式的内容宣讲加深学生的集体记忆。2022 年的清明节，西华大学官微发布了一条推文《怀城湖畔，怀念他……》，纪念学校的首任院长杨诚。文章通过对史料的整理，以及对于其身边同事、亲人的采访，还原了杨诚院长在创立四川农业机械学院时的艰苦建校经历，展现了其伟大的革命精神。

（三）以师生为聚焦点，传播校园美好镜头

习近平总书记在 2018 年的全国宣传思想工作会议上强调要"坚持以人民为中心的创作导向"①，具体到高校宣传工作，就是要始终聚焦师生、紧紧依靠师生、真诚服务师生。师生不仅是宣传工作的对象和受众，更是好故事的创造者、传播者。在校园新媒体宣传报道中，既有严谨严肃的政务新闻，也不缺乏生活化、极具画面感的小故事。将学生身边的老师、同学作为故事的主人公，通过讲述他们的成长历程，挖掘光芒背后的精神力量，改变官方媒体内容"高大上"的刻板印象，满足学生的精神追求，贴近大学生的生活日常。西华大学官微设置"最美西华人"专栏，近年来推送师生报道百余篇，介绍了多位优秀的学生和老师。具体而言，一是讲述老师的教书育人故事。例如，国家级、省级教学名师，获得优秀教学奖、拿到国家自然科学基金、社会科学基金的教师，优秀的青年博士、辅导员，受到国家级、省级及校级表彰的教师，优秀的教学团队，从事科研工作的科研团队、产出优质科研成果的教师……这些

---

① 习近平．习近平谈治国理政：第 3 卷 [M]．北京：外文出版社，2020：311．

都是可以报道的教师类型。二是讲述学生的青春成才故事。在学业科研、创新就业、社会实践、服务基层等领域有建树的学生群体，都可以是报道的对象。例如，考研、考博学子分享学习和成长经历，服务基层的毕业生讲述基层故事，参军入伍的学生分享军营生活等，通过将镜头对准师生，版面留给基层，从细节着手挖掘典型人物的魅力，起到顺应民意、凝聚共识、传递正能量的作用。起到树立楷模、教育大众、引导思想的作用，彰显信仰之美、崇高之美，凝心聚力，营造风清气正的舆论环境。

（四）以校园动态为主线，传播主旋律、正能量

生活是故事最好的素材来源，现实生活中的故事也是丰富多彩的。"中国故事"的讲述一旦脱离了实际，就会缺乏生命力，失去吸引力。校园新媒体的基本受众是学生群体，因此在内容设置上偏重于校园动态的报道，校园新媒体话语内容的生产要紧扣学生听得懂、愿意听、能领悟的"身边事"，以校园里发生的事情为主线，贴近学生发展路径，符合学生的"口味"，满足学生的期待。讲述的内容既要"有高度"，又要"接地气"，要将主流意识形态传播和解决学生生活学习需求相结合，走进他们的内心，推动主旋律传播，增强正能量的影响力。此外，意识形态工作是一门艺术，它不是刻板的教条主义，而是要利用科学的方法，因地制宜、因时制宜，根据所处的环境背景、面对的受众人群等实际情况来发挥创造性。抓住用户需求是新媒体平台运营者必做的功课。作为校园新媒体，就要急师生之所急、想师生之所想。具体内容产品包括：校内新闻动态、校园文化生活、学生组织和社团开展的校内文体活动、学生原创作品、学术成果介绍、各类服务信息（考试、就业、实习等）。以西华大学官方微信为例，西华大学官方微信是西华大学党委宣传部主管、由西华大学新媒体运营中心负责运营的微信公众号，代表西华大学主体发声。从其日常发布的主题内容来看，以校园动态为主体的内容主要分为以下几个方面：

1.校内新闻动态。如《谋人才培养之道，西华大学在行动》《新增 3 个！西华大学工程教育专业认证取得新突破》《数字技术如何赋能思政教育？西华大学这场研讨会达成了共识！》《西华人研制"神器"解决川芎收割难题》《今天，我们毕业了！直击现场高光时刻！》等。这些与学校的发展、学生的生活紧密相关的新闻，虽然辐射面有限，读者群多为校内师生和毕业校友，但由于其内容多为宣传内容，涉及学校的发展、人才培养质量的提高、科研成果的转化，等等，能在学校改革发展进程中起到加深师生群体认同感和自豪感的作用，有利于凝心聚力，为学校的发展奠定良好的群众基础。

2.校内文体活动。丰富多彩的第二课堂为新媒体平台提供了很多内容，也可以让外界了解一所生活多姿多彩的大学校园。例如，西华大学官微推送的《很嗨很青春！毕业季草地音乐会，西华人的专属浪漫！》《仪式感拉满！西华这场盛宴，让人沉醉！》《百团大战，有你喜欢的吗？》等。通过这些推文，全方位展现青年一代丰富多彩的文化生活。

3.校园文化生活。如《想要告诉所有人，西华的银杏真好看！》《国际著名建筑师张永和教授谈西华大学宜宾校区二期：校园有一种园林的气质》《图书馆升级、运动场上新……西华校园又有新变化！》。通过对校园风景、校园生活学习相关信息、民生等议题内容的报道，展现校园文化生活。这样的内容既可以让学生了解到自己不曾了解的与学校相关的信息，还可以让想要报考该学校的学生产生期待、让关心孩子、远在他乡的家长了解学生的生活学习环境等信息。

4.针对不同时间节点产出的内容。在议题设置小节，已经提到校园媒体与社会媒体的不同之处，即有很多重复的宣传时机，如招生季、就业季、迎新季、考试季，等等。针对不同时机做不同的内容宣传，也会增加新媒体内容的覆盖面，例如，针对考试季的《上新啦！8 款西华高颜值 PPT 模板送给你！》，针对迎新季的《新生必读攻略：我在西华等你之美食篇》《萌新军训攻略 | 稍息立正齐步走，燃烧你的卡路里！》，

针对就业季的《拿去！全是心动的 offer》。

5. 各类服务信息（考试、就业、实习等）。如针对招生季的《最全攻略！西华大学 2023 报考指南》《西华大学各批次录取时间公布！》《西华大学 2023 年四川本一批次调档线公布！》。针对成都大运会排球赛事，在大运会开始后推出《西华大学体育馆正式开赛！观看指南来了！》，为前来看比赛的观众提供交通等方面的攻略，满足受众实际需求。

三、视频化趋势下的内容生产策划与制作

随着媒介融合技术的发展和我国互联网基础建设的稳步推进，信息传播的方式也在加速变化，网民规模也在持续增长。5G 时代的来临带来了新的传播环境，短视频开始逐渐登上舞台，短视频因其传播速度快、内容丰富有个性、互动性强的特征，受到了受众的青睐，呈现出一片欣欣向荣的景象。根据 CNNIC（中国互联网络信息中心）发布的第 51 次《中国互联网络发展状况统计报告》显示，截至 2022 年 12 月，短视频用户规模首次突破十亿，用户使用率高达 94.8%。2018-2022 五年间，短视频用户规模从 6.48 亿增长至 10.12 亿，年新增用户均在 6000 万以上，其中 2019、2020 年，受疫情、技术、平台发展策略等多重因素的影响，年新增用户均在 1 亿以上。[①] 以抖音为例，作为全国最大的短视频平台，全国有 7 亿以上的网民每天都会使用抖音，以抖音为主的短视频平台逐渐成为重要的媒介平台。

（一）新媒体短视频内容生产特征

1. 生产主体个人化

在"人人皆是媒体人"的时代，短视频平台的低发布门槛使得内容

---

① 中国互联网络信息中心. 第 51 次《中国互联网络发展状况统计报告》[EB/OL].
（2023-03-02）[2023-09-20].https://cnnic.cn/n4/2023/0302/c199-10755.html.

生产"去中心化"现象更加明显，任何人都可以成为内容生产者，且发布的视频内容非常生活化，不仅有时事新闻，还包括社会生活的方方面面。此外，受短视频的奖励机制影响，发布视频后如果得到了广泛关注，用户还能获得流量收入，激发用户发布短视频的积极性，从而使得越来越多的"信息接收者"向"信息发布者"转变。

2. 生产内容多元化

新媒体的特性决定了它的内容不再拘泥于某些特定的方面，B站的内容分类包括新闻、动画、娱乐、科技、美食、游戏、音乐、影视、知识、资讯、汽车、公益、vlog、搞笑，等等。这意味着只要能够满足用户的各方面需求，谁都可以成为短视频的内容生产者，任何年龄层、任何工作领域的受众都可以找到符合自己兴趣爱好的短视频内容。

3. 素材来源广泛性

传统媒体的新闻来源及传播渠道相对局限，主要依靠记者采编及相关人员爆料，但在新媒体时代，除了以上两种方式以外，新媒体运营者获取信息的方式打破了时空的限制，能充分凭借互联网和大数据技术获取丰富的素材资源，还可以通过评论区与粉丝互动、私信投稿、网络媒体等方式获取信息。例如，北京冬奥会开幕式播放的短视频的素材来源大多是抖音平台的普通民众发布的短视频。

4. 表现方式个性化

短视频创作者可以根据受众的阅读需求和审美特征，结合自己对于内容的理解和视频制作水平，从不同角度进行个性化生产，满足不同人群的观看兴趣，因此短视频内容具有极强的个人特征。除此之外，短视频平台的发展带动了一批视频制作软件的发展，一些特效、变形道具的使用增添了短视频内容的趣味性。

5. 呈现形式多样性

传统媒体时代的电视新闻虽也是以视频方式呈现，但仅限于"视频画面＋文字＋解说"，如今的视频内容生产者还可以通过动态数据、手绘、动画等方式，甚至可以使用大数据、卫星信号及 VR 虚拟技术，形成模拟画面，为受众带来良好的视听体验。

（二）新媒体短视频内容生产存在的问题

1. 内容同质化现象突出

短视频平台存在一种现象：一种类型的视频在网络"爆火"后，会在短时间内引起大量用户的模仿，这是因为短视频内容的制作者受个人兴趣爱好、媒体议题设置、社会热点和平台大数据的综合影响，再加上平台鼓励同质化内容的生产增加话题热度，于是会导致如果出现某个热点事件、某种热门现象，各平台会相继涌现同类内容的情况发生，增加用户检索成本。

2. 泛娱乐化现象严重

某些短视频内容生产者为了博眼球、赚流量，刻意迎合用户的喜好，满足受众的"求知欲"和"窥视欲"，创作出一批低俗、恶俗、粗俗的短视频内容，甚至涉及黄、赌、毒，出现崇尚拜金主义、享乐主义的思潮。再加上短视频平台大数据对于用户喜好的把握，会大量推送与用户喜好相关的视频。这种现象从宏观来看，不利于社会主义核心价值观的传播，从微观分析极易让受众产生不切实际的幻想，失去对正确价值观判断的能力。虽然近几年国家网信办在严厉打击此类视频内容，但基于新媒体平台的信息海量化的特征，难免会出现"漏网之鱼"。

3. 部分信息难辨真伪

以视频新闻为例，传统媒体时代，消息来源较为单一，辨别信息的真伪相对容易。新媒体时代，"人人都有麦克风"，记者获得的信息来源较广，信息把关难度大。部分新闻媒体为了追求话题度和时效性，对于信息的真伪不加核实就随意发出，进而出现了很多"让子弹再飞一会儿""翻转新闻"的现象。此外，由于部分短视频认证门槛低，一些个人媒体账号假借"专家""学者"等身份发布的传播政策解读、法律法规、医学常识等短视频，可能存在误导性。如一些账户发布的"事业编制即将全面取消"的虚假信息，会严重误导受众认知。

4. 版权意识缺失严重

目前，短视频制作成本较低，发布人员的媒介素养良莠不齐，缺乏基本的版权意识和法律常识，抄袭、照搬、恶搞等现象屡禁不止，不仅损害了作品所有者的合法权益，还出现了一系列其他问题。因此，在目前短视频受众如此庞大的情况下，如何依法保护内容生产者的合法权益，还需要进一步探讨。

（三）校园新媒体短视频内容生产策略

1. 强化对视频内容的把关力度

校园本身就是一个巨大的媒体素材库。充满创造力的学生群体有着灵活的思维和天马行空的想象力，他们会根据自己的学习生活进行视频内容的策划和创作。由于学生群体的价值观和世界观尚未成熟，因此需要老师对视频内容进行把关，避免出现意识形态方面的问题，避免出现危害国家安全、宣扬封建迷信以及危害身心健康的信息。此外，要仔细审核短视频中的每一处信息，确认没有不妥的画面、错别字、涉及个人隐私等情况出现，再发布视频内容。如今的新媒体不仅能展示图文，而且能进行"图片 + 文字 + 视频 + 语音"的综合内容展示。其可以利用新媒体编辑中的 SVG（可缩放矢量图形）技术，使正面宣传创新落地，也可以利用 H5（HTML5）技术，让宣传接地气、有创意，提升报道感染力，让议题策划有深度、有态度。同时，要加强运营者版权意识和法律知识的培养。在内容生产过程中应坚持以原创为主，不抄袭其他创作者的内容、不随意滥改他人作品，在引用他人视频内容时要率先取得授权，保护自身及其他视频内容创作者的合法权益。

2. 致力于打造视频类精品

校园新媒体视频创作者在进行内容生产时，要将精品化的创作理念贯穿于创作始终，认真打磨每一个视频作品。从内容上来说，要以学校的中心工作为重心，聚焦人才培养、学科建设、科研发展、对外交流、社会服务等领域，对外塑造学校形象，对内凝聚人心，反映学校的发展变化，体现学校的特色，讲好校园故事，传播校园好声音。要尽量选取与师生的学习、生活、工作息息相关的主题，引起受众情感共鸣，这就要求视频创作者在日常运营过程中广泛了解师生受众群体的兴趣爱好、共同话题和关注焦点等，通过树立身边典型榜样、讲述校园故事、分享校园风景等内容产出，拉近与在校师生、校友的距离，提高社会关注度，提升学校的社会美誉度。从编辑生产过程来看，在指导"讲什么"后，还要注重"怎么讲"。要注重选题的展现视角、故事的讲述方式、呈现的主体内容和表达的思想内涵。让内容能够吸引受众眼球并保持受众持续阅读的兴趣。以共青团中央打造的"青年大学习"为例，"青年大学习"是以视频为主的主题网课，长度固定在 5—10 分钟，整体以宣传化表达为主，以领学人讲故事的形式呈现整体课堂，其画面多类似于城市宣传片，构图经过专业设计，力求在城市之美中领悟领学人所讲述的新思想。在第 18 期"在强国建设、民族复兴伟业中勇当先锋队、突击队"中，学习内容将理论阐释和成果展示相结合，突出"奋斗是青春最亮丽的底色，行动是青年最有效的磨砺"观点，为青年大学生进行思想政治教育、政治学习交流提供了优质的视频内容。

3.综合应用新媒体技术

随着时代发展，新的媒体技术层出不穷，如大数据技术、人工智能、虚拟现实技术、增强现实技术等。要想让视频内容生产得到优化，也应强化对新技术的运用，助力提升短视频内容的生产效率和视听效果，进而为受众提供更加良好的阅读体验。通过多样化的呈现手段，展现"眼前一亮"的传播效果。从视觉入手，除了传统的图文搭配，通过加入动态图表、可视化视图，以及辅以动画、手绘等创作手段，增强内容的视觉效果。从听觉入手，选用恰当的背景音乐，强化视频内容的氛围感，传递情感，增加视频内容的趣味性和可读性，引发受众的共鸣。从生产力来看，智能终端设备的迅猛发展，以及5G网络技术的普遍使用，使得视频的采集与制作均可以在一部手机里完成，这对于视频内容抢抓热点有帮助，但同时也会导致视频内容质量低下的问题。因此，除了手机拍摄的内容，还要综合使用相机、无人机等专业化设备拍摄的画面，使得视频内容展示更加立体和全面。以清华大学抖音账号为例，其内容创作者以专业化的视频拍摄手段，围绕学生的学习生活，发布校园动态，讲述学生成长故事，分享喜讯和校园风景，传播正能量，让人在观看视频的过程中激发了对这所学校的向往，传递了学校秉持的价值理念，也为国外媒体提供了很多宣传素材。

四、新媒体时代推动话语内容生产创新的根本路径

（一）坚持党的领导，健全监督机制。

习近平总书记指出："党性原则是党的新闻舆论工作的根本原则。党管宣传、党管意识形态、党管媒体是坚持党的领导的重要方面。"① 无论时代如何变化，无论传媒格局发生什么改变，要实现主流意识形态的主

---

① 习近平.论党的宣传思想工作[M].北京：中央文献出版社，2020：181.

导，就要坚持马克思主义在意识形态领域的绝对优势，坚定不移地坚持党管媒体的原则。在任何时期，如若不对宣传阵地加以规范，则会导致各类思潮如野草般蔓延。因此，必须加强党委对学校宣传思想工作的绝对领导，要坚持用马克思主义理论指导校园新媒体矩阵的理论建设，运用党的新政策、新理论、新思想武装内容产出，引导舆论方向，净化舆论环境。要坚持党的领导，强化系统性思维，落实意识形态责任制，增强政治意识和大局意识，以党和国家的工作大局为依托，加强重大活动、重大会议、重要事件的内容组织生产，将党的主张通过新媒体平台在校园内传播，推动党的新理论、新政策、新要求、新思想进入学生的生活和课堂，将正面舆论做大做强，营造增进共识、凝聚力量的新媒体传播格局。

与此同时，互联网的发展为校园网络意识形态话语权建设提供了丰富的资源和传播渠道，也带来了不可控的舆情危机。因此，要建立一套完整的舆情监测机制，确保内容发布后有应急处理机制和舆情善后机制，如若产出的内容出现了舆情风险，要及时处理、积极引导，将不良影响减小到最低。

（二）坚持内容为王，严格把关机制

加强内容供给需要新媒体平台运营团队增强创新意识，内容既要适度创新，又不能盲目追随热点，需要从师生角度出发，想师生之所想，以行动凝聚师生，从而提升作品的深度与内涵，将网络育人目的落到实处。新媒体内容传播的途径和形式多种多样，而获取流量的核心必然是坚持"内容为王"。所谓"内容为王"，即以思想导向正确、质量上乘、创新价值高的内容为新媒体运营重点。要提高新媒体影响力，使其发挥应有的作用，优化内容供给是核心。读者在哪里，受众在哪里，宣传报道的触角就要伸向哪里，宣传思想工作的着力点和落脚点就要放在哪里。新媒体内容要不断契合学生的客观需求和成长诉求，持续满足学生的获得感和分享欲，形成育新人、兴文化、展形象的良性循环。

要坚持问题导向，提高内容建设的关键成效。建立健全平台的管理和运行机制，是充分发挥高校新媒体对大学生价值引导与思想引领作用的重要环节，而落实专人负责具体的策划、把关工作，是平台有序更新、稳定运营的重要保障。在内容设置过程中，要围绕本校特色，挖掘自身文化内涵，贴近学生，吸引学生关注。要从宏观层面作出选择，并结合微观层面的具体工作，展现正确价值引领，探索更新鲜、更有创意的模式。在内容审核过程中，要严格落实"三审三校"制度，确保产出的内容不触底线、不出政治问题、不犯低级错误。

（三）提升人员素质，打造专业队伍

习近平总书记在党的新闻舆论工作座谈会上指出，"要加快培养造就一支政治坚定、业务精湛、作风优良、党和人民放心的新闻舆论工作队伍。"[①] 做好党的宣传工作，关键在人，媒体优势的核心是人才优势。要推动内容生产创新，就要通过专业引领加强能力培育，大力培养复合型、技术型、应用型人才，打造一支敢打硬仗、能打胜仗的全媒体时代新媒体队伍；要通过培训提升新媒体技能，积极探索建设具有互联网思维、适应全媒体发展的新媒体人才队伍；要加强宣传队伍的网络知识储备，使宣传人员能迅速接受和适应青年的新想法和当下的新技术、新平台；要按照增强"四力"要求，积极整合各级媒体资源，打造出一批以此类运营团队为基础的辐射全校的宣传工作队伍，重点培养一批有意愿从事宣传工作的学生，以保障各新媒体平台发布内容的品质。

（四）创新表达方式，注重受众黏性。

好的内容不仅仅要质量过关，还要找对表达方式，创新表达方式，更要得到用户的青睐、接受与认可。例如，发挥全媒体大数据优势，结

---

① 习近平. 习近平谈治国理政：第 2 卷 [M]. 北京：外文出版社，2017：333.

合抖音、B站、小红书各类APP，实现多样化的对外精准传播；尝试运用移动终端，促进内容呈现的多终端化，通过对内容进行重新编辑，以回看、点播等形式让受众对内容进行自由选择。此外，要抛弃官方媒体以往"高高在上"的表达方式，注重与青年群体的思想沟通，强调平等的交流，引发受众共鸣。要以新闻专题、微信推文为基础，利用短视频、vlog、H5页面、动画、直播等引流，以PPT、海报、文创产品为辅助，形成具有诉求针对性和形式吸引力的立体内容矩阵。

　　校园新媒体应继续在技术上精耕细作，以受众为核心，分析受众需求与兴趣点，有针对性地进行信息推送。习近平总书记指出："党性和人民性从来都是一致的、统一的。"① 这句话放到学校网络思想政治教育中则意味着要在实际工作中把师生的利益放在第一位，多关注他们的价值需求和实际想法，在内容建设中主动回应他们的利益关切，多渠道解决他们的困难和问题，增强用户对于校园新媒体平台的依赖感，增强受众与平台之间的黏性。这样也有利于官方媒体增强公信力，在学生群体中起到思想引领作用。

（五）不同平台有侧重，内容生产定位准确

　　学校作为育人的主阵地，肩负着为党育人、为国育才的重要使命，也是党联系学生群体的重要纽带。全媒体时代的舆论引导工作，青年学生群体是重要的输出口，但其信息需求具有多样化、个性化的特点，其关注的新媒体平台也在随着时代的发展迅速更新。面对微信、微博、抖音、B站、小红书、快手、知乎等新媒体平台的推陈出新，学校要针对不同平台的特点，进行重点题材分类，以不同侧重点输出精准化内容。具体而言：微博具有信息传播速度快，传播的信息内容碎片化等特点，适合发布实时短讯。将信息以"图片＋简短文字"的模式及时发布，可以让受众快速了解最新的校园动态，例如，新华社的"刚刚体"；微信

---

① 习近平.论党的宣传思想工作[M].北京：中央文献出版社，2020：182.

公众号编辑成本高、时效性较差，因此适合深度长文，例如，人物、事件通讯等深度内容。将镜头对准一线师生和学生生活，辅以适当的图文、视频、音频，强调正能量的同时，对学生起到正确的引领作用；B 站作为视频平台，聚集了二次元文化、粉丝文化等亚文化，受众群体更加年轻化，因此，B 站的内容生产应该一改严肃风格，以开放多元的方式，打造迎合青年的叙事模式，尤其是爱国主义教育的内容生产；抖音作为近年来发展迅猛的短视频平台，已成功打入各年龄阶层，在内容生产上要遵循该平台"短视频＋快节奏＋燃音乐"的模式，以正能量引导为主，吸引受众；小红书则强调"分享"主题，通过分享的模式解答受众疑惑，展示正面内容，能对学校起到良好的宣传作用。

以开展党史学习教育为例，西华大学充分发挥新媒体矩阵传播优势，利用不同新媒体的特点，提升党史学习教育对青年人的感染力。学校官方微信推出"党史知识知多少"党史答题活动，利用新媒体平台定期推送党史知识，例如，"党的全面抗战路线方针是在哪次会议上提出的？""一二·九运动产生了怎样的影响？"师生利用碎片化时间就能快速学习党史知识，增强了学习的灵活性。利用微博互动性高、参与度广的特点，学校官方微博推出"西西带你学四史"专栏，推送四史相关视频。西华广播"Young Radio"推出"悦读党史——天天读"栏目，每天推出一期由西华青年学子精心录播的党史故事音频节目，讲述"党史上的今天"，引导广大青年学党史、强信念、跟党走。"西华大学教育电视台"每天定时推送"西华每日新闻动态"，及时发布学校各二级单位党史学习教育动态。以新媒体为载体让更多新时代青年听得进、记得牢、学得深，为党史学习教育插上"新媒体翅膀"。

第四节 面向"青年对象"与"网络圈层"的话语表达体系

新时代的宣传工作必须面向青年、抓住青年。近年来，依托于互联网技术快速发展的新媒体，在传播渠道、传播理念、传播方式、传播内容、传播效果等方面展现出新的特征，对人类的生活习惯、生产方式等方面产生了广泛而深刻的影响。其中，20 世纪 90 年代及以后出生的"90"后、"00"后、"10"后，受网络影响尤深。他们一出生就与网络信息时代无缝对接，受数字信息技术、即时通信设备、智能手机产品影响较大，其信息获取、社交娱乐、获取认知及价值观构建也高度依赖互联网，因而也由此衍生了一种新现象——"数字青年"的"圈层化"。

从受众角度看，"圈层化"是指人们关于信息的接收、社交的方式及知识的获取等会固定在相对集中的一个群体范围内，会受到人生经历、教育背景、兴趣爱好等诸多因素的影响，且在"圈层化"现象的影响下，会自然形成"传播壁垒"，居于"圈层"中的青年人会在自我定义的信息圈中完成对知识、理论、信息的获取，并由此形成对特定信源的信任与依赖。从积极影响来看，这种环境能够培养青年独立自主的性格和更加自我的思想空间；从消极影响来看，"圈层化"会造成传播学中的"信息茧房"效应，即青年人关注的信息领域会习惯性地受兴趣爱好的影响，将自己桎梏于一定信息环境之下，导致缺乏对社会的整体认知。

从时代发展角度看，青年文化的"圈层化"是社会发展的必然结果。习近平总书记强调，宣传思想工作要"因势而谋、应势而动、顺势而为"[①]，人在哪里，宣传报道的重点就在哪里。高校是人才汇集之处，这里思想活跃，文化交融，各种观念相互碰撞，是意识形态工作的前沿阵

---

① 习近平．习近平谈治国理政：第 1 卷 [M]．北京：外文出版社，2018：153．

地。作为校园新媒体，其面对的正是这群"数字青年"，如何顺应时代特征，构建富有亲和力、能让青年群体接受的话语体系，增强话语内容传播的表达力、影响力，实现"破壁出圈"，对青年受众的思想政治教育起到积极作用，是思政工作者在进行校园媒体话语体系建构时的关注重点。建构一个适用于青年群体的校园新媒体话语体系，从根本上讲就是解决"怎么说"的问题。

一、新媒体时代校园新媒体话语建构的影响因素

话语体系作为一种思维形式、实践方法，也是思想观念、价值认同的综合反映。随着新媒体技术的更迭，校园新媒体的重心逐渐从传统的电视、广播、校报以及新闻客户端，向微信、微博、抖音、小红书等新媒体平台转变。在内容生产上，其实质是"新瓶装陈酒"，围绕的中心还是校园本身。但如果话语表达上仍然是保持着官方媒体"高高在上"的话语态度，则会加深校园新媒体与青年学子之间的传播障碍。依据校园新媒体话语的指导思想、话语表达、话语叙事等方面的要求，校园话语体系创新受以下几方面因素的影响。

（一）价值因素

校园媒体是党在高校传递思想价值观念的重要场所，也是高校意识形态工作的前沿阵地。校园新媒体话语体系建构，既要有"高度"，又要有"深度"。坚持马克思主义的理论指导是创新校园新媒体话语体系的首要原则。在建构话语体系时，校园新媒体要遵循"党媒姓党"的原则，以党的先进理论为指导，弘扬主旋律、正能量，探索文化育人新路径，为青年学子价值观的塑造埋下思想教育的种子，为立德树人提供价值引领。

（二）技术因素

校园新媒体话语体系的建构，要改变传统媒体扁平、单一的传播模

式，利用新媒体的多元特征，创作符合大学生认知特点、兴趣爱好的内容。可以通过文字、图片、视频、音频等相结合的方式，进行立体化的内容展示，吸引学生的注意力。利用新媒体技术，将信息在图片和文字的基础上进行衍生，引入 H5、动画、svg 技术等多元化表达形式，让话语"活起来"，真正做到"入脑入心"。

（三）符号因素

校园新媒体话语的建构，要注重词汇、修辞等符号的运用。媒体的遣词造句展现了报道的话语和调性，往往服务于媒介建构的真实目的。通过对特定语言符号的使用，建构特定的话语表达体系，体现话语主体的态度，展现话语主体的立场。例如，在先进典型人物报道时使用"点赞""致敬"等褒义词汇，在面对一些事件议题时使用立场鲜明的"重磅""权威发布"等词汇，使校园新媒体发挥官方"喉舌"作用。

（四）情感因素

媒介形象是指媒介在社会交往中刻意树立的，用以影响大众和表现自我的精神与物质的姿态和形象。媒介形象在大众传播媒介组织与受众之间发挥着重要作用，是建立双方情感链接的"情感黏合剂"。各类媒介组织要想获得受众的认可和青睐，不能仅仅为受众提供信息，更重要的是要与受众"对话"，与受众产生情感联系，进而获得情感认同。作为话语主体，校园新媒体在学生群体面前以什么样的形象呈现，是能否打造媒介与受众间"情感黏合剂"的重要因素。把握受众特性，塑造适合主体与受众沟通交流的媒介形象，可以为话语体系的建构建立情感链接。

二、新媒体时代校园新媒体话语体系的创新思路

话语不仅仅是交流工具，更是思想的表达与价值观的体现。新媒体时代的到来，广大师生能够多渠道并及时快捷地获取自身需要的信息，

官方话语传播途径的垄断性也因此被打破。只有了解新媒体时代话语体系的变化，才能够有针对性地对话语表达体系进行创新，才能提升话语表达的说服力与感染力，从而牢牢掌握高校意识形态工作的领导权、主动权。

（一）话语主体

"单一性"向"多元性"转变。传统媒体时代的高校意识形态话语体系中，思想政治工作者处于中心地位，他们对信息发布和信息资源的掌控有绝对的领导权，而作为受众的广大高校师生却往往处于被动接受的地位。新媒体时代，"人人皆是媒体"，话语主体的多元性使得思想政治工作者的垄断性被逐渐打破，多元化的师生声音登上了校园舞台。要依托新媒体平台创新高校意识形态话语表达体系，就要建立以"信任"为核心的社交关系，加强思想政治工作者与其受众之间的角色转化、平等交互，从而实现由"一元主体"向"多元发展"的转变，提升校园新媒体平台话语体系的亲和力，增强话语影响力和时效性。

（二）传输方式

"灌输式"向"嵌入式"转变。在传统媒体的话语表达体系中，意识形态话语主要依靠新闻宣传、理论学习、报告讲座、课堂教学等形式表达。新媒体时代，"灌输式"的话语表达形式，会引起广大师生的反感和排斥。因此，话语表达应向对话交流、网络参与等为主要形式的"嵌入式"模式转变，将师生喜闻乐见的话语内容、话语表达形式，融入师生的生活空间、知识体系和认知框架。在这种话语表达中，表达方式往往多样而富有创意，生动而富有趣味性，在潜移默化之中完成思想政治教育。

（三）表达方式

"自说自话"向"交流沟通"转变。在网络咨询如此发达的当下，官方平台如果忽视沟通技巧，自说自话，以权威自居，不去了解受众的喜好、亟须解决的问题，会导致"话语失灵"，受众也会生出质疑、不解、不信任等情绪。要主动解决话语创新效应问题，就要突出问题导向，强化问题意识，把握新媒体特点，深入了解广大师生的现实需求，有针对性地解决实际问题，让话语表达更加有理有力，更能深入人心。要加强平台与受众的沟通交流，就要熟悉和研究不同新媒体平台的特性，找准不同平台的受众话语风格，从而通过"话语沟通"实现不同媒体平台潜移默化的思想引领作用。

（四）话语语气

"高大上"向"平等化"转变。在受众信息获取渠道逐渐多元化的当下，如果依旧使用"高大上"的身份进行话语表达，则受众会逐渐失去关注兴趣。与那些"遥不可及"的内容相比，受众更期望看到身边更多实实在在的鲜活榜样，更愿意与"身边人"打交道。因此，校园新媒体应塑造"平等、可亲、友好"的形象，探索学生认同的话语模式，打造具有思想深度、情感温度、文化厚度的话语句式，以生活化视角切入师生的日常生活，让师生感受到主流意识形态话语的真实性和亲和力，积极引导师生树立正确的世界观、人生观和价值观。

三、新媒体时代校园新媒体话语体系的创新技巧

面对当前高校意识形态工作的新形势、新挑战，作为思想政治工作者应把握时代脉搏，创新意识形态话语体系，有效利用校园人才资源和智库资源，提升高校意识形态工作者的媒介素养，切实创新高校意识形态话语的内容和形式，从而打破与青年群体的圈层壁垒，在与师生的互动交流中进行潜移默化的思想政治教育，从而达到润物无声的教育效果。接下来，著者将以部分高校新媒体内容话语表达为例，分析新媒体时代校园新媒体话语体系的创新技巧。

（一）栏目化内容呈现，多元化内容形态

所谓的栏目化内容呈现，主要分为两种：一是服务性质的栏目呈现，二是表达内容的栏目呈现。美国学者施拉姆（W.Schramm）根据经济学中的"最省钱原则"，提出了一个概率公式，用以计算观众对某一媒体的选择，并以此来描述观众对该媒体的选择，即：被选择的概率 = 对回报的保障 / 付出的努力程度。[①] 施拉姆认为，媒体的选择和受众花费的代价是成反比的，当信息环境变得复杂时，受众往往会选择付出更少的代价。将其用于新媒体栏目化呈现可以理解为，更加直观简洁的菜单设计会得到更多受众的青睐。因此，西华大学官微设置"西华视角""互动西华""本科招生"三个主菜单栏，涵盖 12 个小栏目，分别满足受众对于学校的信息需求、服务需求等。其中，"西华视角"链接西华新闻网、校史馆、VR 校园等，帮助受众全方位了解西华大学；"互动西华"中主要是校历查询、四六级查询、缴费等功能性页面；第三栏其实是变动性的，会根据时间的不同呈现不一样的内容，在招生季以招生信息为主，在迎新季则会以介绍学校生活学习等基本信息为主，通过内容栏目的迭代，完善内容呈现。

在表达内容的栏目上，西华大学官微设置"最美西华人""书香西华""西华毕业季""2023 西华本科招生资讯""学术西华"等 10 余个内容板块。受众可以通过栏目选择自己喜爱的主题内容，同时栏目化的内容可以形成传播力的叠加，给受众更强的连贯感。

（二）改变新闻文风，内容叙事有声有色

习近平总书记强调："要引导广大文化文艺工作者深入生活、扎根人民"[②]，就是要求我们时刻牢记"我是谁、为了谁、依靠谁"。形成良好文

---

① 吴荇，陈天伦. 施拉姆公式对创设图书馆信息产品的启示 [J]. 图书馆学研究，2011（10）：43-45，85.

② 习近平. 论党的宣传思想工作 [M]. 北京：中央文献出版社，2020：341.

风，关键是善于用话语讲故事。话语来源于生活，只有生活化的话语才能更大程度上引起共鸣。这就要求校园新媒体在进行话语表达时，既有理论高度，又能通俗易懂。"长篇累牍的大道理"缺乏温度，会让受众产生距离感。宣传工作中尽量"说人话"，有温度、有态度，将情感融入其中，增加生活气息，反而更能"沁人心脾"。如何展现平凡中的闪光点，是话语内容打动人心的关键。在进行人物报道时，首先不能违背新闻的真实性原则，人物事迹要真实无误、经得起推敲，不能通过文字创作将其过于艺术化；要通过讲故事的方式还原人物的本真面貌，要将其形象立于生活中，而不是单纯对事迹进行简单罗列，多鲜活生动事例，少空泛抽象感慨。通过略加修饰的笔触展现人物风采，丰富叙事内容。

例如，西华大学开设"最美西华人"栏目，报道校园里可亲可敬、可触可感的优秀师生先进事例。该栏目推出了一系列深度报道，图文并茂，有声有色。在报道《33岁的西华"大龄本科生"毕业了！他说：努力奋斗，不枉青春》中，描述了2022届年龄最大的毕业生姚鹏的故事："从新疆的农场，再到江苏的工厂，先后当过农民、工人、服务员，开过面馆、台球室的他，在社会的海浪中起起伏伏，8年闯荡，使他深刻明白了知识的重要性。在进退之间，他选择在年近30之时，两战高考，圆梦西华。大学四年，他刻苦学习，收获别样精彩。他叫姚鹏，法学与社会学学院社会工作专业2022届毕业生，今年33岁。"① 对于姚鹏故事的描述，并不是单纯将其事迹罗列，而是以"娓娓道来"的话语表达形式，讲述他在辍学、工作多年后意识到知识的重要性，重新参加高考，出现人生新拐点的励志故事。该报道语言表达平实而有分寸，没有过分拔高形象，也没有为了迎合受众喜好而掩盖其缺点，通过生动形象的故事化讲述，一个逐渐成熟的人物形象跃然于纸上。《带着爸爸来上学的她，硕

---

① 西华大学.33岁的西华"大龄本科生"毕业了！他说：努力奋斗，不枉青春[EB/OL].（2022-08-09）[2023-09-20].https://mp.weixin.qq.com/s/9fr55IOtc4FQMGfQcouTHw.

士毕业了！》这篇报道也讲述了身残志坚的翻译专业研究生张沁雨以乐观积极的心态，与病魔作斗争，与命运抗争，在一点一滴的坚持中不断进步的故事。

由此可见，通过身边小故事阐发大道理，深入浅出、情理交融，把西华故事讲新、讲活，让师生受众能够抓住故事当中蕴涵的正能量和道理，就是网络意识形态宣传的意义所在。

（三）人格化形象表达，平等化的沟通手段

法国学者德布雷（R.Debray）认为："每一种新媒介的出现都会产生与之对应的媒介圈，从而形成基于媒介技术和介质特征的传播生态。"[①]新媒体就是独特的媒介生态。西华大学新媒体在诞生之初就明确打造"人格化形象"，以"西西"自称，称呼西华学子为"西瓜籽"。在进行话语表达时，以"西西"自称可以改变官方媒体严肃刻板的形象，更能直接拉近与受众的距离，让人体会到浓浓的人情味，也增加了亲切感。在西华大学官方微博上以"西西"为关键词进行搜索，几乎每天都会存在以"西西"自称的内容。例如，7月31日发布的"暑假过半了，西瓜籽们的假期都度过得怎么样呢？快来跟西西分享一下吧！"7月27日发布的"西西带你一图了解成都大运会赛程及看点！"7月11日发布的"暑假来临，具体放假时间是多久？什么时候开学报到？想留校学习怎么办？放假期间图书馆会闭馆吗？你的疑惑，西西来解答，看看这一份暑假安排吧。"站在受众角度，"西西"已经不仅是官媒编辑的称呼，更是一个陪在身边的朋友，而受众的"西瓜籽"名称，也让所有西华学子有了一个统一的代称。通过人格化的形象表达，仿佛真的有一个"西西"在虚拟的互联网平台每天与"西瓜籽"们进行对话。

全媒体时代，信息传播者和接受者形成了一种双向传播模式，双方在对信息的解码过程中会相互影响，双方的角色也会发生变化，彼此已

---

① 德布雷.媒介学引论[M].北京：中国传媒大学出版社，2014：48.

经不再是单纯的信息传播者和接受者，也不是权威的官方媒体和受众，而是互相对话的、平等的两个人。2022年8月4日是"七夕"节，西华大学官方微信发布推文《今天，有我爱你》，"今日七夕，青鸟送信，飞书传情，就算不在身边，也能让千里之外的你，收到来自西西的情意。"① 文章利用拟人的修辞手法，将学校的标志性建筑比作人，通过对西华学子表达爱意的方式，表达七夕的浪漫。例如，"天籁湖：亲爱的西瓜籽：我把思念化作音律倾灌湖中，日光沐浴，波光粼粼，我守着渐少的歌声与寂寞的晨曦。我曾压抑不住思念在青石上留下片片痕迹，却也习惯了静候你的佳期，当我缓缓静下心，仍被送信的微风掀起阵阵涟漪。我想，我还是忍不住想你。"② 文章发布后，得到了大量粉丝留言，其中一名粉丝留言说："期待我们的下一个春秋冬夏，也期待着我们都越来越好。西华，与你相遇，很是荣幸！"③ 对话模式的话语呈现，平等化的沟通手段，"西西"的人物形象既丰满又鲜活。此外，学校通过"西西"的身份，及时在评论区回应网友，既能和受众共情，又能给受众提供价值。

（四）综合运用技术手段，为新媒体传播赋能

随着5G时代的到来，如何在满足受众移动化、碎片化信息阅读需求的基础上，为受众提供优质的沉浸式阅读体验，已成为新媒体呈现的关键。通过在技术应用、增强沉浸式传播的手段等方面下功夫，会产生不一样的话语表达效果。2019年10月，为了庆祝中华人民共和国成立70周年，人民日报和新华社分别推出了《56个民族服装任你选！快秀出你的爱国Style》H5产品。该产品秉持"变换游戏"的极简玩法，以人

---

① 西华大学.今天，有我爱你[EB/OL].（2022-08-04）[2023-09-20].https://mp.weixin.qq.com/s/Pv954c9a0H0uLJFgWk8HAQ.

② 西华大学.今天，有我爱你[EB/OL].（2022-08-04）[2023-09-20].https://mp.weixin.qq.com/s/Pv954c9a0H0uLJFgWk8HAQ.

③ 西华大学.今天，有我爱你[EB/OL].（2022-08-04）[2023-09-20].https://mp.weixin.qq.com/s/Pv954c9a0H0uLJFgWk8HAQ.

们对自我的关注和好奇作为立足点，以日常化、互动化的设计理念，让广大受众在充满新鲜感和趣味性的体验中培养自己的爱国情怀。在《56个民族服装任你选！快秀出你的爱国Style》中，用户在上传自己照片后可以选择任意一个少数民族的服饰加以替换，进而展现不同民族人民的精神面貌、传统艺术和民族文化。正因如此，该产品在上线后立刻成为网络爆款，#我穿民族服装的样子#话题也登上了微博热搜，广大受众在短短几天的时间内便秀出超过7亿张民族服装照。作为主流媒体，《人民日报》充分发挥其资源优势，积极加强视频化、移动化、互动化、智能化的技术融合，通过生动灵活的表现方式，展示着中华文化的博大精深，为受众提供了全新的内容体验。

通过小程序等微信产品助力，做好不同主题内容宣传，实现教育智慧化革新。随着微信在校园的广泛应用，越来越多的高校利用小程序类微信产品，实现校园服务智慧升级。本科招生期间，"西华大学本科招生"小程序整合了校园信息发布、校园导览、招生数据等信息，不仅让在校师生获得更加智慧化的校园服务体验，同时也让志愿报考西华大学的人通过小程序快速了解西华大学。访客不仅可以通过小程序快速浏览校园景点设施、了解校园简介、知晓校园动态，还可以对西华大学的招生政策、历年录取分数等有一个全方面的了解。"西华易班"微信公众号通过对公众号和程序应用的深入开发，让数字校园的理念完全呈现在微信中，西华大学的师生可以通过公众号进行校园卡使用、课表查询、第二课堂记录等功能，在手机端体验一体化智慧校园服务。

采用全媒体化的形式对内容进行立体化报道。排版对于读者的阅读有很大的影响，西华大学微信公众号的排版已形成自己的风格，针对用户多途径获取内容的需求，紧跟新媒体传播生态，利用各种媒介形式对传播内容进行编辑，如文字、图片、视频、gif动图、音频、手绘等，力求内容呈现的多元化、立体化。在字号、行距、图片格式等细节上，西华大学官方微信也要求其风格统一连贯，不随意更改原有格式，以便让读者能够在熟悉的移动界面中进行阅读。除此之外，西华大学官方微信还通过一些技术对呈现的内容进行了文字、格式上的美化，通过分段、拟小标题等形式为受众"勾画重点"，同时将阅读界面设计得更加人性化，更具可读性。

（五）吸收网络话语，优化话语内容供给

网络话语是伴随着网络技术的发展而产生，在特定的语境中由遵循特定语法规则的语言符号系统构成，能够构建特定的社会秩序关系的网络意义体系。[①] 网络话语从诞生之初的以文字为主，到现如今由图片、文字、视频、音频、表情包等多种符号共同构成，已经形成了自己独特的话语表达风格。幽默、脍炙人口、接地气是网络语言最显著的特性，其直观简明、手段丰富的表达方式，更易被广大师生群体接受和喜爱。网络话语的出现为高校意识形态工作提供了丰富的话语资源和全新的传播方式。因此，在话语表达过程中，利用网络话语的特性，发挥网络话语的优势，了解青年群体的话语背后的语言文化、心理特征，有针对性地使用网络话语，并将这些话语及时应用于报道中，让"高大上"的深奥理论更具生活气，在潜移默化中完成与师生的互动交流，从而达到润物无声、入脑入心的教育效果。例如，习近平总书记的讲话中，除了大量使用各种俗语和日常用语，还使用了新潮的网络流行语。习近平总书记在 2019 年新年贺词讲话中提出："我们都在努力奔跑，我们都是追梦人"[②]，"追梦人"一词也因此而广为流传，成为人们经常说的流行语。

在校园新媒体的内容报道中，将网络用语日常化，除了能够增加对话感，还能够让青年群体生出亲切感。例如，"泰裤辣""确认过眼神""天

---

① 祝大勇.网络话语的三个层次及其对思想政治教育的启示 [J].思想理论教育，2016（7）：72-77.

② 新华社.国家主席习近平发表二〇一九年新年贺词 [EB/OL].（2018-12-31）[2023-09-20].http://www.xinhuanet.com/politics/2018-12/31/c_1123931806.htm.

花板""拿捏"等。《人民日报》在 2022 年 10 月 30 日的推文《一个人走出千军万马的气势！他的经历太赞！》中写道："近日，一名军训教官为新生示范队列动作的视频火爆全网。视频中的教官动作标准，英姿飒爽。网友们纷纷为他点赞：'真·军训天花板。'① 其中，"天花板"就是指无法超越的"最高点、顶峰"。2022 年 2 月 9 日，北京冬奥会期间，新华社官方微信公众号发布推文《如何让谷爱凌立马去洗碗？拿捏了哈哈哈哈！》，文章指出，谷爱凌小时候酷爱滑雪，"每次上雪道我都非常高兴。有时候我妈妈说，要是不洗碗就不能去滑雪，我马上就洗了。"② 其中，标题中的"拿捏"指对某人完全掌握或是对某事彻底搞定。同样，校园新媒体由于面对的是青年群体，他们对于网络话语的使用更加热衷，因此，要理解他们的文化、打破传播壁垒，就要主动走进青年人的话语空间。在报道学校里开在小麦地里的"劳动实践课"时，西华大学官方微信公众号的话语表达是："在西华校园里割小麦！泰裤辣！"在报道"全国第一门线上西部民族舞课程"时用的是"你你你，你要跳舞吗！"介绍新生辅导员时，使用的是"确认过眼神，你是我的学生。"这一系列网络用语的使用，使得媒体呈现更具有亲近感，通过融入网言网语，优化话语内容供给，能够真正与学生打成一片，形成媒介意识形态的正确引导。

四、新媒体时代视频内容话语表达技巧策略分析

（一）以特色文化为亮点，塑造个性化品牌

对高校来说，特色的校园文化构建了一所高校的个性化品牌。不同地区的学校有不同地域的文化氛围，而每所高校由于历史沿革、办学理

---

① 人民日报．一个人走出千军万马的气势！他的经历太赞 [EB/OL].（2022-10-30）[2023-09-20].https://mp.weixin.qq.com/s/AcgGDRXFT0GStAjNRhmrFA.

② 新华社．如何让谷爱凌立马去洗碗？拿捏了哈哈哈哈！[EB/OL].（2022-02-09）[2023-09-20].https://mp.weixin.qq.com/s/ouZtD2-oBMaPg9mtG0Vh4g.

念、特色学科等方面的不同，都具有独特的校园文化。在视频内容的话语表达过程中，如果能利用好这些特色文化，则有助于学校构建自身的个性化品牌形象，打造视频内容的核心竞争力。西华大学动画专业的师生创作手绘动画《我把西华画给你看》，把自己的西华印象制作成动画故事，作为一份特殊的礼物，赠予新同学。动画的每一帧画面都取自学校的真实场景，同学们用"治愈系"的暖萌画风，画出了一个童话森林般的大学校园，讲述了校园里的草木虫鸟，演绎充满"知难而进，自强不息"精气神的西华故事。

高校的内在文化特征和精神内涵是学校宝贵的财富，高校拥有不同办学历史、风景特色、校园建筑，通过短视频形式将校园独特的文化内涵展现出来，不仅可以达到良好的传播效果，也可以传播优秀的传统文化，引导师生形成文化认同。例如，位于广西的南宁师范大学发布的"三月三怎么少得了对山歌呢＃大学生宿舍楼对唱山歌＃广西学生已经在抓紧练山歌了。"获得了 16w+ 的点赞量，这则视频虽然不足 20 秒，却以广西秀丽的山水为拍摄背景，用学生唱山歌对歌的形式，向受众"科普"了广西的传统节日"三月三"。西华大学视频号在 3 月 16 日发布了背景音乐为《毛主席来到咱农庄》的视频。这首歌唱的是 1958 年 3 月 16 日，毛主席视察四川省郫县红光社的场景，现如今也唱出了西华大学历史中那抹深深的红色印记。视频伴随着"麦苗儿青来菜花儿黄，毛主席来到咱农庄"的歌声以及主讲人的讲述，展现了西华大学的校园风光和红色历史。东南大学 4 月 28 日发布的"这就是传说中很难抢的体育公选课—舞龙课！由于太受欢迎，老师要带 7 个班……"展示了东南大学特色的舞龙体育课程，不仅体现了高校对于传统文化的传播，更让受众对东南大学的人才培养产生了好奇与期待。

（二）微叙事的表达方式，引发受众情感共鸣。

采用"微叙事"语态，视频创作者可以在有限的时长内将故事讲出彩、将形象立体呈现，通过"以小见大"的方式来传递重要的信息和丰富的情感。如果内容能够建构出与受众相关性较强的生活场景和人物事迹，传递出"接地气"的动人故事，则很容易引发受众情感共鸣。校园新媒体在视频生产过程中，如果进行故事化、生动化的表达，也可以达到很好的宣传效果。四川大学 6 月 27 日发布了 "# 我为我的学校打 call # 毕业季 假如在川大拍一组汉服毕业照～# 汉服之美在华夏 # 国风 # 欢迎报考。"的视频。虽然该视频只有 14 秒，却展示了穿着汉服的川大毕业生在校园各处取景拍摄毕业照的场景。而将"假如在川大拍一组汉服毕业照"作为视频的标题，也十分贴合视频展示的具体内容。该视频发布之际正值招生季，因而，该视频也对学校的招生宣传起到了重要作用。

通常来说，校园官方媒体十分重视学校优秀师生和校园重要事件的传播，但对于更广大的学生群体来讲，官方媒体所选择的校友师生对象较为"精英化"，甚至有学生认为其不能代表普通人的日常。因此，可以从微叙事、小切口入手进行话语表达，使传播更具有真实性、生动性，才更能引发学生群体的情感共鸣。可以选取学校师生日常生活中有爱、充满正能量的生活片段，带领受众走进真实的校园生活，从这些平凡的小事件中汲取能量，达到"网络育人"的传播效果。 成都大运会期间，各高校纷纷宣传报道学校的"小青椒"（成都大运会青年志愿者的统一称呼）志愿服务的故事，如何将这些故事生动化，是视频创作者语言表达能力的重要体现。电子科技大学视频号发布了一则"一起沉浸式体验来自电子科技大学的成都大运会志愿者——'小青椒'们的志愿服务日常吧！"的视频。视频以 vlog 的形式展现了"小青椒"们的一天，从 7：30 起床洗漱，到 8：30 集合、吃早饭、正式开始工作，再到下午 18：30 下班，视频以第一人称的形式讲述了青年志愿者服务大运会的日常，没有高大上的内容，就是平时化的生活再现，却将青年大学生志愿大运、服务大运的青春、责任、担当展现得十分生动，让没有参与大运会服务的人也能沉浸式体验志愿服务日常。

（三）强大的后期剪辑手段，增强视频观赏性

后期剪辑也是视频化内容语言表达的重要手段。通常来说，视频的策划脚本是第一次创作，而拍摄完毕的素材在设备上进行剪辑时，是第二次创作。通过剪辑传达的话语内容较为隐晦，要求创作者要熟悉把握视频的主题，要通过剪辑展现创作者良好的文化修养和广博的知识素养，要通过不断考量画面的剪切与音乐、音效之间的相互配合，兼顾视频的整体性和方向性。例如，央视纪录片《敦煌》采用了以真人演绎历史人物，再用故事重现历史的讲述方式。该纪录片在后期剪辑中运用了蒙太奇的剪辑手法，通过不同场景的切换和镜头的剪辑形成了一套特殊的叙事方法，像讲故事一般述说着发生在敦煌的那些鲜为人知的历史。受众在观看视频后会产生耳目一新的感觉，同时剪辑技巧的运用也为视频增加了观赏性。华中科技大学官方抖音在高考倒计时60天时发布一则视频，表达内容为"超酷视角带你在华中大飞檐走壁"，画面一开始将地铁进站画面和校门素材相结合，通过航拍镜头、第一视角镜头、加速镜头相结合，利用剪辑技巧360°飞跃华中科技大学，配上鼓点音乐进行画面卡点，充分调动了人们的感官，让受众感叹"高级感"的同时，沉浸于华中科技大学的校园美景中。

（四）视频表达"年轻化"，设置话题增加曝光

校园新媒体制作的视频内容要想打破与青年群体的"圈层壁垒"，就要学会和年轻人交朋友。如果高校只将官方抖音号、微信公众号等当作学校的发声渠道，不能主动迎合平台的特性和受众的需求，那么其生产的内容将不会被学生喜爱。作为学校，要了解平台的特性，找准自身优势，而不是一味地模仿其他平台运营者。例如，一些校园的平民"大v"就在视频内容中找到了更适合自己的"赛道"。四川轻化工大学的徐谊（抖音名：小徐呀！）就以其"牙尖"的风格打造了属于自己的"凡尔赛"话语体系。他发布了一条"今天带大家无加速地看看大学的不同

课在不同的教室上，需要换程的时间和路程！真的很远……# 大学生 # 内容过于真实 # 大学生活 # 高校 # 大学生特种兵旅游。"的视频。整个视频仅 2 分 57 秒，并且以"吐槽"形式呈现，"跋山涉水、风吹雨打去上课""我不知道学校修那么大干什么，你修密集点嘛"等话语的使用，看似在吐槽不同课在不同教室上一事，其实在无形中体现了学校的规模和环境的优美。视频创作者凭借其独特的"网感"和幽默的表达方式，捕捉到用户对于娱乐化内容的需求，引发了受众共鸣，提升了视频的趣味性，流量自然而然增加。

此外，话题标签可以方便用户分享和搜索相关议题，起到的"引流"的作用。简单来讲，就是将话题以"标签"形式呈现，以便于抖音等平台定位内容类型，并将其推送给对这个内容感兴趣的人群。话题的存在为"圈层化"的受众群体提供了一个整理内容的平台，在这个话题之下的内容都与该话题相关，受众可以快速找到与自己兴趣爱好相符的内容。视频在发布时适时增加话题，会为自己找到更加精准的流量和增加更多的曝光量。前文提到的四川大学的汉服视频，"# 我为我的学校打 call # 毕业季 假如在川大拍一组汉服毕业照 ~# 汉服之美在华夏 # 国风 # 欢迎报考"，短短一句话加了 5 个话题。其中，"我为我的学校打 call""毕业季"两个话题是毕业季期间的官方推荐话题，一般来说是由官方流量推动。毕业照对应的社会热点就是毕业季，当受众搜索与毕业季话题相关的视频时，这则视频就会出现在话题内。该视频的发布时间是在高考后填报志愿期间，因此，加上"欢迎报考"话题，则能增加该视频在高考生及其家长的短视频界面的曝光度。"汉服之美在华夏""国风"代表了视频的汉服主题，也增加了视频在汉服和国风圈的曝光度，这些话题利用目标受众的不同特点，精准设置议题，并将其作为文案的一部分，吸引受众点进来，为视频增加了曝光量。7 月 28 日大运会开幕式后，西华大学的官方抖音发布了一条"在成都第 31 届世界大学生夏季运动会开幕式上，西华大学啦啦操队 12 名同学参加第二篇章《青春活力》《冠军之舞》的表演，站在舞台中央展示高难度抛举等啦啦操技巧。＃成都大运会＃大运会＃开幕式＃我的大运故事。"的视频。大运会开幕式是当天晚上全网的热门议题，四个话题的设置为视频引来了流量，不仅宣传了学校，还体现了学校体育育人的成果。

第六章　话语引导：高校网络治理与舆情处置路径

随着社交媒体的逐步崛起，网络舆情的生成与传播也发生了显著变化，众声喧哗的后真相时代，事实真相让位于情绪、情感，去中心化的传播格局重塑了网络舆情的治理机制，对高校网络舆情的监测、研判及处置都提出了更高的要求。新时代赋予了高校网络思想政治教育新内涵、新使命，在教育数字化转型的背景下，将信息技术与舆情治理深度融合，再精准把握网络舆情的生成机制和传播规律，从事实流、情绪流、意见流三个层次构建网络舆情话语引导的路径，能够对新时代高校网络思想政治教育话语体系建构起到积极的支撑作用。

第一节　话语预警：网络舆情的监测与研判

网络舆情治理的基础是网络舆情的监测与研判。随着网络信息数量的增长和流动的加快，网络舆情呈现出更复杂的形态。要在厘清网络舆情内涵和外延的基础上，梳理网络舆情分析和研判的多重维度，充分利用大数据、云计算和机器学习等技术，对网络舆情进行多方位、多层次的监测与研判，为网络舆情处置打下坚实基础。

一、网络舆情监测预警

信息技术的发展为网络舆情监测与预警提供了丰富手段，面对浩如烟海的网络信息，如何从中挖掘出有价值的舆情线索，是网络舆情监测与预警首要考虑的问题。首先，这是一个认知问题，需要通过对网络舆情主体、客体、本体以及数量阈值的判断等方面为网络舆情监测提供理论方向。其次，这也是一个技术问题，爬虫技术作为网络舆情监测的底层技术架构，虽然面对日新月异的网络环境存在一定的弊端，但仍是舆情监测系统的重要支撑，同时灵活运用爬虫技术也可为网络舆情的小样本多元分析提供数据支撑。

（一）舆情和舆论的内涵与外延

当前，学界和业界对舆情和舆论有多个角度的定义，视角不同，定义表述各不相同，很多定义的内涵和外延都不够明确，同时舆情和舆论的边界也不够清晰。为了保证后续论述的逻辑一致性，有必要在本章开头对舆情、舆论和民意等概念进行明确，并厘清它们之间的关系。

在对舆情和舆论下定义时，大多学者基本认同舆情和舆论的主体是公众（public），而舆情和舆论的基本内涵大都指向了情绪、意见（opinion）、信念、态度等。

陈力丹指出："谈到舆论本身时，要把它看作信念、意见和情绪表现的总和。"① 简言之，舆论是一种公开表达的意见，是可以被感知的。由此可以比较舆论与民意的差异。民意包括公开的和非公开的意见，具有显性形态和隐性形态两种形式，隐性形态的民意不能被直接感知。舆论包括代表民意的舆论和不代表民意的舆论，在一定条件下舆论和民意可以相互转化。

舆情和舆论有很多交叉的地方，但研究内容各有侧重，不能相互替代。舆情是舆论的发展形态。丁柏铨指出："舆情就其实质而言，是或隐或现的民意（民众意愿）的情状，它应当是积极因素与消极因素并存的客观状态，视之为单纯的牢骚发泄是欠准确的。其内涵既可以是公众的意见，也可以是公众的情绪，都属于公众心声（存于心底的、已经向外发出的或并未向外发出的呼声）的范畴。就此而言，舆情形成在先，与此相对应的舆论形成在后。在严格意义上的舆论形成之前，就已经构成或者存在一定的舆情。"② 刘毅指出："舆情是多种情绪、意愿、态度和意见交错的总和，往往和某一群体或阶层紧密联系，而并非需要大多数民众的广泛认同。不过，这种错综复杂很可能会趋向一致，当它被大多数

---

① 陈力丹.舆论学：舆论导向研究 [M].上海：上海交通大学出版社，2012：4.
② 丁柏铨.略论舆情：兼及它与舆论、新闻的关系 [J].新闻记者，2007（6）：8-11.

人认同的时候就会转化成舆论。① 从这个意义上说，舆情的一致性达到一定程度时，就形成了舆论。

那么舆情的一致性达到何种程度才能够形成舆论呢？回答这个问题也就是要明确，达到一个什么样的点就能够对整体产生影响。陈力丹指出："在这个整体中的'点'显然是个临界点。应用数学根据系统工程理论得出的计算结果，便是被称为黄金比例的'0.618'。一般地说，当在整体'1'中达到 0.618，就能够产生对整体的决定性的、全面的影响；而达到临界点的另一半，即达到 0.382，则可以使整体感觉到一种重要影响的存在。"②

当然在实践中不一定要精确到这种程度，一般认为，在一定范围内持某种意见的人达到总数的三分之一，这种意见就可以成为舆论；达到三分之二，就成为主导性舆论。从舆情监测的层面上来讲，当某种意见达到四分之一时，就可以将这种意见列为观察对象。

（二）利用爬虫技术采集网络舆情信息

在大数据时代，数据已经成为一种重要的战略资源。网络舆情监测工作的基础和关键是舆情信息数据的采集。如何高效地获取数据资源，以及所获取数据资源的实时性、准确性、覆盖面和稳定性，成为相关业务工作顺利开展的重要保障。

网络爬虫技术是一种高效的数据采集手段，它通过构造一种自动化的程序，模拟用户的访问行为，可以实现对文本、图片、音频、视频等数据资源的快速准确抓取。

早期的互联网开放程度很高，那时爬取数据的难度相对较小。随着移动互联网时代的到来，不同的 APP 对应相对独立的数据库，并且随着社会各界对数据资产的逐步重视，各种反爬机制不断升级，形成了一个

---

① 刘毅．略论网络舆情的概念、特点、表达与传播 [J]．理论界，2007（1）：11-12．

② 陈力丹．舆论学：舆论导向研究 [M]．上海：上海交通大学出版社，2012：37．

个大大小小的"数据孤岛"。同时，随着网络爬虫技术在诸多领域的广泛应用，其在个人隐私保护、企业不正当竞争、行业自治规范、合法性边界和法律适用等技术伦理方面引发了广泛争议。这些都对网络爬虫技术的发展提出了更大的挑战和更高的要求。

就高校网络舆情的监测和预警工作而言，独立开发和维护一套网络舆情爬虫系统不一定是最经济的做法。目前，国内有很多舆情监测系统都可以为政府、企事业单位提供舆情产品服务。高校可以和这些网络舆情监测服务机构合作，实现网络舆情的监测和预警。国内舆情监测服务的发展大致可以分为三个方面：一是舆情采集，主要是利用网络爬虫等技术从海量网络信息中采集有价值的舆情信息；二是舆情分析，主要在舆情采集的基础上利用自然语言处理技术对文本内容进行处理，从语句观点、情感倾向、传播趋势等方面分析网络舆情素材；三是构建基于云平台的舆情系统，利用云技术的分布式、可伸缩的优势提高信息的利用率和延展性。

不过，目前舆情监测系统平台还存在一定的不足。首先，各个系统平台存在不同程度的算法"黑箱"问题，这使得舆情监测分析的信度和效度难以验证。其次，部分舆情监测服务还停留在浅层次的内容分析阶段，在深层次的情感判断及效果评估等方面还缺乏智能分析辅助，人工智能还不能完全取代人工。最后，舆情监测系统平台的底层方法即网络爬虫技术的局限性日益凸显，除了上面提到的"数据孤岛"和"技术伦理"，网络爬虫重信息数据轻关系数据的技术特征限制了网络舆情分析研判视野，因为在大数据语境下，数据间发生关联，往往能实现正向的协同效应。

虽然网络爬虫技术存在客观局限性，但根据实际需要构建一些专用的爬虫程序作为舆情监测系统平台的补充也是有必要的，可以实现对相对小范围数据的灵活抓取，为网络舆情的小样本多元分析奠定基础。

二、网络舆情分析研判

网络舆情是一个动态发展的概念，先应该构建一个全方位、多层次的评价体系，在此基础上再结合实际需要，从"文本""关系""情感"三个视角，利用词频分析、社会网络分析和多模态话语分析等方法，对网络舆情进行有针对性的分析研判。

（一）网络舆情分析和研判的多重维度

陈力丹总结出衡量舆论是否存在的八要素，以呈现舆论的立体形象。其具体包括"舆论的主体——公众""舆论的客体——现实社会，以及各种社会现象、问题""舆论自身——信念、意见和情绪表现的总和""舆论的数量（一致性程度）""舆论的强烈程度""舆论的持续性（存在时间）""舆论的功能表现——影响舆论客体""舆论的质量——理智与非理智成分"[①]。这对厘清网络舆情研判维度，构建网络舆情分析指标体系具有一定的参考价值。

网络舆情分析指标体系的构建是一个随着网络舆情的动态发展而不断修正和完善的过程。网络舆情的分析研判具有高度的复杂性，难以构建一个适用于所有情境的指标体系，实践中还需要结合实际情况灵活应用。

舆情的主体是公众，是具有自主意识，能够进行自主表达或表现的人群。对舆情主体的分析研判，可以从渠道维度和节点维度两个方面展开。

渠道维度主要描述舆情的主体参与舆情表达的载体或平台。随着互联网的发展，以微博、微信、抖音、小红书等为代表的社交媒体成了网络舆情生成和扩散的重要渠道。尤其是视觉冲击力强、具有代入感、容易产生共情心理的短视频，已经成为重要的流量入口，其作为传播源头

---

① 陈力丹. 舆论学：舆论导向研究 [M]. 上海：上海交通大学出版社，2012：3-5.

引爆舆情的趋势凸显。不同的渠道具有不同的受众群体以及传播特征，对此又有不同的舆情治理方式，因此分析舆情的主体，先要厘清舆情主体所在的渠道及其对应的特征。

节点维度主要关注舆情演化过程中舆情主体的关键人物（或传播主体）。例如，对舆情演变具有独特影响力的意见领袖、对舆情发酵较具推动力的扩散人物、对网络传播具有连通作用的连接人物等。通过对节点维度的描述，在完成对关键人物的识别后，有助于研判关键人物在舆情传播过程中发挥的或积极、或消极的作用，进而有针对性地采取相应措施。

舆情的客体是现实社会以及各种社会现象、问题。可以从空间维度和内容主题两个方面对舆情的客体进行研判。

空间维度主要描述舆情客体涉及的地理空间范围。某一舆情事件发生，涉事区域可能是局部地区，也可能是多个地区，甚至是全国范围同时爆发，研判舆情波及范围的大小，是采取不同等级舆情应对措施的重要依据。此外，由于不同地区的经济文化发展存在差异，类似事件发生在不同区域引发舆情危机的风险也有所不同，采取的应对措施也会存在区别。

内容主题主要描述舆情客体反映的议题。随着社会的发展，网络舆情涉及的内容日益多元。舆情议题大致可以分为政治、军事、经济、文化、社会等方面。以教育领域为例，中国传媒大学高等教育传播与舆情监测研究中心将高等教育舆情划分为体制改革、质量评估、就业、学生、教师发展、高校管理、人才培养、科学研究、社会服务、学科专业、政策聚焦、国外教育等12个主题。不同主题的网络舆情，其传播特征不尽相同，采取的应对措施各有侧重。

舆情的本体是观点、意见及情绪等的表现和聚集。研判舆情，可以从意见分布和情感倾向两个维度入手。

意见分布主要描述某一舆情议题的各种不同意见或观点的分布情况。

其具体包括意见或观点的多寡、表达是否明确、观念及情绪的理智程度等。如果从舆情治理的角度考虑，研判舆情的意见分布情况尤为重要，这也是后续对舆情的一致性、舆情的强烈程度和舆情的持续性进行研判的重要前提。

舆情的一致性通过舆情的数量反映。围绕某一舆情客体往往会形成不同的网络意见，数量维度是研判网络意见能否转化为网络舆情，甚至能否形成网络舆论的客观标准。一般而言，在一定范围内某种意见的数量达到总数的"四分之一""三分之一""三分之二"几个临界点，就分别对应着"重点关注""形成舆论""主导舆论"几个发展程度。

舆情的强烈程度是研判舆情存在与否的标准之一，可以从显著维度和集中维度两个方面入手。舆情的强度除了以言语的形式表达，还可以行为的方式表达，如聚集、游行甚至其他更为激进的行为。行为舆情的强度通常要大于言语舆情。

显著维度可以利用意见量表的思路展开分析，量表一般将意见态度列为五个程度，中点为"中立"或"无所谓"，两侧分别为正反两个方面的意见阶梯，如"反对""比较反对""中立""比较赞同""赞同"。显著维度的测量是在情感倾向的基础上进行的。有时对舆情的显著程度进行测量不能直接利用意见量表，还需要采用一定的计算机技术进行智能分析辅助。进行显著维度的测量，需要重点关注舆情意见处于极点的状态，这个时候往往需要对舆情的强度进行控制，避免舆情极化导致事件升级。

集中维度主要描述某一舆情议题不同意见持有者的分布情况。如果说数量维度考察的是意见的聚集程度，那么集中维度考察的就是意见持有者的聚集程度。对于某一舆情事件，相同意见的持有者集中在某一物理空间，如集中于某一社交媒体平台或某一地理区域，那么就应当予以适当的关注，这对避免网络舆情群体极化具有重要的预警作用。

舆情的持续性即舆情的存在时间，可以从时间维度来描述。时间维度可以细化为舆情的发展过程和持续时间两个方面。以信息生命周期理论的视角来看，网络舆情被划分为"潜伏期""爆发期""蔓延期""反复期""缓解期""长尾期"等六个发展阶段，虽然学界对这些阶段的划分没有形成统一意见，同一阶段的界定也有所差异，但从信息生命周期的视角审视舆情已经成为舆情监测与分析的普遍思路，网络舆情的不同发展阶段对应不同的处置策略与技巧。舆情一旦形成，总会存在一段时间，根据舆情客体的不同，舆情的持续时间也会不同，如果处置不当，还会出现次生舆情，甚至产生舆情的长尾效应，即每当类似事件发生该事件都会被反复提及，这是处置网络舆情时需要注意的。

情感倾向可以从情感倾向方向和情感倾向度两个方面衡量。情感倾向主要是将舆情事件按照事件性质分为正面、中性和负面三类；情感倾向度则用于描述情感表达的强弱程度。一般而言，负面事件更容易引发网络舆情，应当予以更多的关注和预警。

（二）基于文本的词频分析和社会语义网

随着互联网技术的发展，网络舆情的表现形式日益多元，但文本信息始终是其重要的表现形式之一。自然语言是一套用来表达含义的复杂系统，在自然语言处理和文本分析中，词是对文本进行分割和处理的基本单位。作为表义的基本单元，词是由一个或多个字符组成的具有独立意义和语法功能的单位。词的组合形成句子、段落和文本等更大的语言单位。

就网络舆情分析而言，可以从舆情信息文本"词的频次多少"和"词与词之间的关系"中挖掘网络舆情信息文本中体现的语义结构、价值观念等。词频分析、社会语义网等方法日益成为网络舆情分析的重要手段。

词频分析是舆情文本语义挖掘的重要手段，其基本原理就是分析词在特定舆情文本中出现的频次及变化。词频分析广泛应用于各种文本数据的处理和分析。通过词频分析可以发现文本中的关键词，了解文本的主题和特征，从而为后续的文本挖掘和分析提供基础。例如，判断网络舆情关注的热点及其变化趋势。

词频分析的基础是分词，分词是将连续的文本序列切分成独立的词语的过程，分词的目标是将文本切分成有意义的词语，以便进行后续的文本处理和分析。在英文文本中，由于单词之间通常以空格作为分隔符，因此分词相对简单；在中文文本中，分词是将连续的汉字序列切分成独立的词语，较为常用的方法是利用 Python 语言中的 jieba 库。完成分词后，便可对舆情文本中重要词汇的出现频次进行统计与分析，也就是进行词频分析。

社会语义网是在词频分析的基础上，探索各高频词之间的关系，形成高频词关系网，进而挖掘文本更深层次的主题结构。比较常见的方法有共词分析和聚类分析。

共词分析的基本理论假设是词与词之间的联系决定着语义生产，通过统计一组词对在舆情文本中的共现情况，来反映该词对之间的关联强度（前提是共现次数越多则词对的关系越紧密），进而挖掘这些词对代表的舆情热点和结构演化。

聚类分析的基本思路是将舆情信息文本数据集中的样本按照性质的相似程度进行分组，目标是使组内样本的相似程度最大、组间样本的相似程度最小。完成分组后再用图谱的形式将各组的亲疏程度描绘出来。对舆情信息文本的高频词进行聚类分析可以呈现高频词相似性和相异性的分析图谱，进而可以挖掘舆情信息文本的主题和意见分布。运用聚类分析方法，可以在不预设分类标准的情况下对分析对象进行群体划分，这样能有效避免分类的主观性和随意性。

（三）基于关系的社会网络分析和复杂网络

随着社交媒体的崛起，网络空间中的社会关系网成为网络舆情信息传播的重要路径，关系已经成为网络空间的底层架构和基础性资源。社会行动者之间的联系，即关系属性，其价值随着网络社会的崛起进一步显化。关系属性区别于统计学意义上的年龄、性别、职业等先赋属性。社会研究的抽样调查以及网络信息采集的爬虫技术，往往都是将社会行动者视为满足"变量独立性假设"的个体，将其从所处的社会情景中抽离，这样就切断了个体与个体之间的联系，不利于对关系数据的分析和利用。在变动不居的现代社会，关系性的概念更适合表达变化中的现实，这也更加符合信息传播的本质属性——复杂且具有流动性。社会网络分析正是研究和描述社会关系的有力工具。

近年来，社会网络分析已经成为舆情分析的重要方法论和技术手段。社会网络可以视为社会行动者及其相互关系的集合，社会网络分析主要采用图示或矩阵的方法描述社会网络。图示法通过多个点和各点之间的连线来分别描述社会行动者及其相互关系，能够较为直观地显示网络的概貌，并可利用图形进行基础的关系分析。矩阵法利用矩阵将社会网络表示出来，然后利用矩阵解析技术来分析复杂社会网络中关系的分布特征。

社会网络分析包括关系取向和位置取向两种研究视角。关系取向关注社会行动者之间的关系，通过社会联结本身（如密度、强度、规模、中介性、对称性等）来阐释具体的行为和过程，如密度大、关系强的传播网络中的舆情更容易发酵和扩散。位置取向关注社会行动者之间社会关系的模式化，讨论关系反映出的社会结构，关系和位置的分布能够影响社会行动者的态度和行为。社会网络分析可以从中心性分析、凝聚子群分析、核心－边缘结构分析等不同角度对社会网络进行分析。通过对小世界网络和无标度网络两种社会网络模型的研究表明，真实世界网络既不是规则网络，也不是随机网络，而是兼具小世界和无标度特性，具有与规则网络和随机网络完全不同的统计特性，这也对网络舆情治理有深刻的借鉴意义。

舆情的形成和演化离不开社会网络中个体与个体之间的交流关系，

通过构建舆情的复杂网络可以较好地把握舆情传播网络的拓扑结构以及传播参与者的关系。复杂网络是指具有复杂拓扑结构和动力学行为的大规模网络，与静态的社会网络分析最大的差异便是其网络中的各个节点是动态变化的，具有演化动力学特征，这也更加符合网络舆情动态化发展的实际。

（四）基于情绪的情感计算和多模态话语分析

很大程度上，网络舆情就是公众情绪或情感在网络上的表达。网络舆情既具有"网络"特征，传播速度快、影响面广、具有传染带动性，又具有"情"的特点，夹杂着情绪和情感，口语化、文本短、具有宣泄式表达的特征。因此，以情绪为切入点对网络舆情进行深入分析很有必要。常见的方法有情感计算和多模态话语分析。

情感计算主要从情感倾向方向和情感倾向度两个方面衡量。情感倾向方向主要指态度或情感的正面、负面和中性；情感倾向度主要指态度或情感表达的强烈程度，比较简单的方式是根据对情感词或语气词进行赋权计算来体现。情感分析的粒度可以是词语、句子、段落和篇章。常见的情感计算方法包括基于情感词典的方法和基于机器学习的方法。

情感词典主要包括正面情感词、负面情感词、程度副词和否定词。情感词典方法的基本思路是，根据实际需要选择好既定的情感词典，对文本进行分词，然后根据情感词典对词进行赋值计算，最后得出文本的情感分类。情感词典方法的优点是技术上相对容易实现、效率较高；不足是词典的文本情感分类比较机械化，也较难囊括所有词汇情况，对更深层的语义理解存在一定的局限性。

为了弥补情感词典方法的不足，可以结合机器学习的方法进行情感分析。机器学习方法需要事先用大量人工标注语料数据进行监督学习，通过提取训练集的文本特征实现情感识别。

媒介产品的丰富，尤其是短视频平台的兴起，构建了公众的网络话语体系，打破了过去以文字为主的意见交流模式，图片（表情包）、音频、视频等表达方式甚至在一些舆情意见表达中占据了主导作用，网络话语格局正在被重塑。为了应对这种变局，多模态话语分析的方法开始引入网络舆情的话语分析中来。

多模态话语分析是一种建立在语言学基础上的分析方法，通过综合利用多种模态数据（如文本、图像、音频、视频等复合式话语）来分析和理解话语的含义和特征。传统的话语分析主要关注文本的语言特征，而多模态话语分析则将话语的多种模态信息结合起来，从整体角度分析各类符号所组成的表意系统，更全面地理解和解释话语的意义。

第二节　话语表达：舆情处置的策略与技巧

网络舆情的处置可以从事实流、情绪流、意见流三个层次入手。事实信息是出发点，要能够迅速准确地还原事实真相；情绪信息是关键点，是开启平等对话空间的钥匙；意见信息是落脚点，要通过价值引导达成多元主体的共识。

一、及时行动掌握网络舆情处置的主动权

网络舆情处置要有阵地意识。舆情事件发生后，应当及时行动，第一时间掌握舆情应对的主动权、事件处理的主导权。要及时准确地发声，尽早介入抢占事件的命名权，遏制不良信息的生产传播。对舆情传播路径和节点的把控，本质上是对参与传播活动的重点人物的识别、关注和导向。网络舆情往往是现实问题在网络的折射，在解决"现实问题"的基础上解决"思想问题"，才是化解网络舆情危机的"治本"之策。

（一）动态化地提供事实信息

传统观点认为，官方处置突发事件有"黄金 24 小时"之说，也就是

官方需要在事发 24 小时内发布权威消息主导舆论是平息事件的关键。但随着网络新媒体的兴起，信息传播的速度和范围得到了质的提升，传统的"黄金 24 小时"法则渐显无力。于是，人民网舆情监测室提出了突发事件处置的"黄金 4 小时"原则，其表示"4 小时"是考虑了需要厘清事实真相、政府各部门协调工作和完成信息披露文书所花的时间。移动互联网普及后，信息传播的时空限制被打破，进一步压缩了网络舆情处置的时间，在新媒体环境中，信息发布是否及时、准确、真实，采取的处理措施是否有力、有效，成为平息事件、安抚公众情绪的关键因素。

舆情的生成一定会基于某些客观事实，因此做好舆情处置工作要先对事实信息进行掌控。无论技术和传播环境如何变迁，舆情的处置都需要及时准确地发声。尽早介入可以避免不良信息先入为主，否则一旦形成刻板印象，后面提供再多的事实信息都难以挽回。只有在第一时间掌握了舆情应对的主动权、事件处理的主导权，将舆情处置的关口前移，抢占先机，才能避免陷入被动应对的局面。

经过长期实践，业界总结出"快报事实、慎报原因、续报进展"的发声原则。"快报事实"是指要第一时间迅速准确地发布权威信息，在发声过程中实事求是，客观公正，全面反映真相，有利于满足公众的知情权，抚慰公众因不确定性产生的恐慌情绪，最大限度地挤压谣言滋生空间。"慎报原因"是由于事件发生的原因是复杂的，需要时间查明真相，不能妄下结论，因此回应公众关切时不能主观认定事件原因，若公布的事件原因和最终查明的真实情况不一致，易引发次生舆情，对官方公信力也是一种损害。"续报进展"就是要求及时跟进处理进程和结果，确保有变化就有相关回应，动态化地向公众公布事件的最新进展，通过信息的公开透明赢得公众信任，明确负责到底的工作态度。

第一时间发声，除了上面提到的"满足公众知情权""挤压谣言滋生空间"，还有另外一层意义，即做事件的第一定义者，从初始命名掌握舆情处置主动权。随着碎片化传播时代来临，事件的传播很容易被贴上标签以便更容易扩散，但是标签化的信息传播往往容易陷入刻板化或污名化的窠臼，从而引发对立、撕裂共识，甚至产生连锁式负面影响。在此背景下，事件的命名往往会影响甚至左右事件的发展轨迹和趋势。因此，要在第一时间发声，掌握舆情事件命名权，掌握了命名权也就掌握了主动权。

（二）把控网络舆情传播的路径与节点

在传统媒体时代，出版社、广播台、电视台等受到国家控制，传播渠道在当时的社会背景下属于稀缺资源，因此能较有效地控制。如今互联网高度发达，信息渠道更加多元，形成"人人都有麦克风"的传播格局。过去通过掌握传播渠道控制舆情的方式已经不再行之有效。而且封闭信息制造一元化的舆论格局反而会导致舆论生态环境脆弱不堪，多种意见并存的环境才是安全的意见环境。因此，网络舆情的处置应当摒弃"封控"思维，转向对网络舆情传播路径与节点的精准识别和调控。

按照社会网络分析的范式可以将舆情传播网络中的个体与个体之间的关系抽象为点和线构成的网络，用以描述和分析网络舆情传播路径和扩散过程。任何网络舆情的传播都离不开人，因此准确识别出网络舆情传播过程中处于不同位置，发挥不同功能的关键人物尤为重要。以复杂网络的视角来看，在舆论传播中的关键节点包括领袖人物，扩散人物和连接人物。

领袖人物即意见领袖，对舆情的形成和发展具有推动作用。可以通过对节点的行为特征进行统计分析识别意见领袖，如发布量、回复量、扩散度、认同度等；也可以通过构建舆情参与者的社会网络，利用社会网络相关指标识别意见领袖；还可以构建网络舆情超网络，利用超图和超网络的相关测度指标识别意见领袖。

扩散人物指位于网络结构的核心位置，对舆情的扩散具有促进作用的人物。社会网络中节点的度表示与该节点连接的边的总数。通过计算网络图中的 k-shell 指标可以辅助识别舆情传播中的扩散人物。k-shell 方法的基本思路是递归地剥离网络图中小于或等于 k 的节点，这里的 k 值即 k-shell 值。节点的 k-shell 值越大表示该节点在网络中越处于中心位置，要注意连接度大的节点并不一定位于中心位置，也可能出现在网络的边缘。网络中所有扩散人物的距离是决定该网络信息传播范围的关键参数。因此，基于 k-shell 值识别扩散人物并控制其距离大小，是调控网络舆情传播的有效手段。

连接人物指对网络结构具有连通作用的人物，可以通过介数、度量节点或边对网络结构进行连接。连接人物作为对网络结构具有连接作用的节点，该节点对网络凝聚力、网络最短距离有重要影响。

在完成关键人物识别的基础上，鉴别这些关键人物在网络舆情传播过程中发挥的作用，若为正面，则对其进行激励；若为中性，则对其进行引导；若为负面，则对其进行干预。

（三）解决问题是化解舆情的治本之策

在网络舆情中，情感属性的影响愈发凸显，强情绪下更容易出现群氓无意识、非理性的行为，这给网络舆情的处置带来了挑战。面对网络舆情，要摒弃"捂""盖""拖""堵""躲""删""压"的消极思维。在信息渠道如此发达的当下，舆情危机不会因为不去面对而消失，逃避反而会招致更大的危机。在网络舆情处置过程中，无论是及时回应，还是控制节点，都是就舆情论舆情，是为了舆情的发展不要恶化或扩散，从社会治理的角度来看，舆情处置很大程度上还处于"治标"的层面。

网络舆情的产生是多方面因素共同促成的，但究其根本，一定可以反映到某些客观社会现实上来，因为网络舆情的客体就是现实社会以及各种社会现象和问题。应当在平等对话中寻求解决问题的可能方案，因此在舆情处置时，将舆情关注的客体——社会现实问题予以控制或解决，在解决"现实问题"的基础上解决"思想问题"，才是化解网络舆情危机的"治本"之策。

舆情客体反映的问题，如果能够解决，当然是最理想的状态。然而有些社会问题属于结构性的矛盾，或者涉及面太广，并非短时间内能够解决，甚至无法完全解决。面对这样的情况，权宜之计则是焦点转移法，即将舆情主体的注意力转移到其他方面，给舆情"降降温"，避免情绪的过于集中造成社会撕裂。

二、以诉诸情感的修辞策略创设平等对话空间

后真相时代的舆情传播语境下，在舆情的处置话语表达上采用诉诸情感的修辞策略有利于创设平等对话的空间。要正视网络舆情非理性和情绪化的表征，先解决情绪问题，再解决事实问题。要以"平视"而不是"俯视"的言说视角与舆情主体进行双向互动的交互式信息沟通，构建基于主体间性的"话语共同体"，为网络舆情处置的价值引导奠定基础。

（一）从事实真相到情感认同的话语生产

及时公布事实真相是舆情处置的应有之义，但仅仅这样还不够。虽然官方对还原事实真相有天然的公信力和优先的话语权，但在众声喧哗的后真相时代，人人都有重构事实的话语权，真相已然让位于情感，不再是网络舆情事件的核心，情感成为推动网络舆情事件发展的基本动员力量。

网络舆情事件的传播扩散伴随事实真相、情感情绪和意见态度三者的相互作用，事实真相是舆情事件的客观基础、情感情绪是舆情事件的动力机制、意见态度是舆情事件的价值走向。传统的舆论引导比较擅长诉诸理性，通过摆事实、讲道理，达到改变公众意见的目的，但理性、刻板的话语体系容易产生一种拒人千里之外的生硬感。在网络意见中，"吐槽"类信息往往占比较大，这是公众社会压力通过网络舆情的外在表

现，在这种话语情境下，如果提倡"伟光正"的叙事逻辑，恐怕难以起到疏导作用，甚至会造成负面影响。就网络舆情事件而言，实际上负面舆情相对于正面舆情更加容易传播扩散。网络舆情如果只有一种正面的声音，反而是不正常的，是危险的，因为这个时候更加难以把握民意的真实动向。要客观、理性地看待网络舆情的众声喧哗，多种声音并存的舆论环境才是安全的意见环境。

在回应舆情关切时，摆事实、讲道理必不可少，但仅仅这样还不够。舆情是情绪化的，单纯的事实和道理不见得会受到公众的欢迎，甚至会受到嫌弃。官方回应文本中套路化、公式化的习惯性表达在情绪化的传播语境下也容易因为"缺乏人情味"而受到诟病。因此，在处置舆情事件的话语表达上，加入诉诸情感的修辞策略是很有必要的。

面对负面网络舆情事件，一方面公众需要及时获取准确的事实信息，另一方面公众期待富有人情味和具有责任感的行动主体。因此，在处置网络舆情时，形成从事实真相到情感认同的话语生产机制很有必要。要达到这个目的，"怎么说"比"说什么"更为重要，应重视表达方式和话语修辞，在后真相时代的传播语境下，公众不仅要关注事实，还要重视"追寻事实"的过程，以及在这个过程中的情绪释放和宣泄，因此在舆情处置中要以情动人，正如将观点的传递蕴含在故事的讲述中一样，将事实真相建立在情感共鸣的基础之上，通过营造感性的情感氛围感染公众，以矫正当前社群分化、意见过于分散的现实。

（二）既"解惑"又"解气"的情感按摩机制

舆情是情绪化的，舆论场就是情绪场。如果不重视公众的情感诉求，即使在客观事实层面做出很多努力，最终效果也会大打折扣。在网络舆情应对和处置中，"解惑"固然是基础，但"解气"往往才是关键。应对网络舆情中的情绪问题，其基本原则是"宜疏不宜堵"，及时消除不良情绪的负面能量，充分发挥网络舆情的负面情绪"泄压阀"作用。

无论是个体还是群体，负面情绪都客观存在，并且需要一个相对安全的宣泄渠道。当然如果负面情绪宣泄过多、过于集中，也会产生舆情危机。如何把握这个度，正是对网络舆情处置的重要考验。因此，需要构建行之有效的情感按摩机制，对舆情主体进行情绪疏导和情感按摩，解决负面情绪问题。

党的二十大报告指出，要完善社会治理体系，在社会基层坚持和发展新时代"枫桥经验"，完善正确处理新形势下人民内部矛盾机制，及时把矛盾纠纷化解在基层、化解在萌芽状态。对于舆情处置而言，如何找到或构建网络舆情的基层治理平台，使舆情事件的处置工作有必要的话语空间作为缓冲，显得至关重要。

诺依曼的"沉默的螺旋"理论指出，舆论作为社会的皮肤有两层含义：一是个人通过这个"皮肤"感知"意见气候"；二是社会以这个"皮肤"为"容器"防止意见过度分裂而解体。就高校舆情治理而言，如何找到或打造上述"平台"或"容器"，是如何坚持和发展新时代"枫桥经验"的关键之一。高校大学生熟悉网络应用，网络行为活跃，其遇到问题，往往习惯通过网络反映诉求，其在网络上的情绪宣泄和"吐槽"从客观上讲难以避免，而且舆情处置的根本在于"疏导"而非"堵塞"。

在青年群体网络圈层化的背景下，要想"把矛盾化解在基层"、抓早抓小，方法之一就是引导学生在相对可控的网络平台上表达意见和宣泄情绪，这就需要做好网络阵地精细化管理。校园论坛是一种可供考虑的方式，有两个方面的原因，一是开放性适中，校园论坛既不像微博、抖音等平台那样是公共化场域，舆情一旦爆发相对不可控；也不像社群那样相对封闭，监测难度相对较高。二是校园论坛是在校大学生网络意见表达的"容器"，可以作为学生意见表达和社会舆论场之间的"缓冲地带"。当然，建立独立的校园论坛不一定适用于所有高校，这也是一个长期积淀的过程。百度贴吧、微博超话、校园表白墙等平台也能够在一定程度上起到校园论坛的作用。总之，建设好校园"网络化公共意见领域"，也就构筑好了校园舆情"蓄水池、晴雨表、防火墙"，对践行新时代"枫桥经验"，提高学校舆情处置效能具有积极作用。

（三）构建双向互动的"话语共同体"

在传统媒体时代，由于传播渠道的稀缺性和可控性，舆情的处置可以通过屏蔽负面信息的形式实现刚性的单向控制。简言之，传统的舆情处置模式是单向灌输式。单向灌输的舆情处置模式在一定的社会条件下有其存在的有效性和必要性。通过对事实信息公布与否或公布时间的控制，能够决定信息对公众能否产生价值或价值的大小，通过对负面信息的延迟发布，能够减少公众对负面事件的集中关注，从而降低舆情爆发的可能性。

在新的社会环境和技术条件下，信息渠道丰富多元、信息环境开放包容，在事实信息的供给上，如果还采用封锁负面信息的方式来进行舆情控制就显得乏力和不合时宜。纵使采用信息封锁的方式降低了舆情热度，在短时间内控制了舆论场，但也会因此失去了同公众对话的机会，对公信力造成的负面影响是难以弥补的。

互联网的去中性化在一定程度上解构了传统媒体的话语权，自上而下的传播格局被打破。在互联网传播语境下，"一元"话语霸权被悄然打破，权力主导的话语生产机制带来的俯视话语视角不仅不利于舆情的消解，还容易使公众因受到压制而产生不信任感。舆论场上，"压服"的做法是不可取的，容易产生逆反情绪，舆情处置过程中，不能试图剥夺公众发声的权力，而应该转向与公众的沟通对话，构建双向互动的"话语共同体"。

"话语共同体"的构建本质上是要克服传统的主客二分的思维模式，摒弃主客体之间基于不同位置、不同层面发生的对话关系，应当基于主客体一致性将双方视为平等的对话者，通过身份认同和情感共鸣的双向互动，形成基于主体间性的"话语共同体"。

　　"话语共同体"之间的话语视角应当是"平视"的而不是"俯视"的，也就是说意见的传播和沟通不能停留在某一方的"自说自话"上，而应该是一种倾听和表达双向互动的交互式信息流通，这有利于舆情事件的平稳发展。可将以达成共识为出发点的"说服"视为一种话语修辞，修辞能够产生和控制意义，从而影响人的思想与行为。"话语共同体"的构建离不开基于客观事实之上的情感共鸣，而最终的目的是在此基础上达成意见共识，这样也就起到了舆情引导的作用。

三、通过价值引导达成多元主体的意见共识

　　网络舆情的治理从某种程度上来说也是一种说服性传播活动。群体价值观的引导难度很大，需要建立在信任的基础之上。"谁说的"和"怎么说"往往比"说什么"对说服效果的影响更大。要创新话语方式，以平等意识和人文关怀寻求多元主体的最大公约数，提高价值引导的话语渗透能力，构建超越价值认同的身份认同。

（一）两面提示赢得受众的信任与尊重

　　网络舆情事件的传播既是事实信息的传播，也是情感情绪的传播，还是意见态度的传播，三者相互交织、相互作用。从舆情处置的角度而言，事实信息的澄清和情绪情感的抚慰都是过程，最终的落脚点是意见共识的达成。

　　从传播学的视角来看，意见信息的引导可以采用"一面提示"和"两面提示"的方式，分别对应"一面说"和"双面说"的传播效果论。"一面提示"是指针对某一事件，只展示单方面的意见信息，对于反面意见则不予披露。在当下去中心化的传播格局下，传统的权威话语权一定程度上被削弱，"一面提示"不再是主要的宣传和说服手段。但是，针对某些特定场景的特定对象，"一面提示"仍有发挥作用的空间，主要是针对启蒙程度比较低、社会经验不丰富、思辨能力不够强的传播对象，采用

"一面提示"的方式，为传播对象提供单方面的意见信息，从而避免了多元意见给其带来的困扰和混乱。

去中心化的多元传播格局下，"一面提示"的说服效果已经不够理想，反而会给受众一种咄咄逼人的生硬之感，不利于双向互动的"话语共同体"的形成，因而舆情处置时的说服方式开始向"两面提示"转变。"两面提示"是指针对某一事件，在进行意见传播时，会重点宣传既定的观点和主张，但是也会有意识地展示一些反面意见。当然，"两面提示"要注意把握优势意见和其他意见传播的"度"的问题，避免意见信息过于分散和混乱造成对话空间失序。

随着公众受教育程度和文化水平的不断提高，以及认知心理学对受众"认知主体"和"参与意识"的强调，在网络舆情处置的意见说服过程中，则需要提供正反两方面或多方面的事实和观点，以便公众做出相对理性的判断。"两面提示"更适应当下媒介环境的改变，可以给公众一种相对公平和被尊重的感觉，从而赢得受众的信任与尊重。同时，由于"两面提示"中包含了对反面意见和观点的"说明"，起到了接种"疫苗"的作用，能够增强受众之后面对负面意见宣传时的"抵抗力"，这就是"两面提示"的"接种效果"，"两面提示"的这种"接种效果"，有利于多元、健康的意见环境的形成。

（二）寓教于境实现润物无声的说服效果

对网络舆情的价值引导，本质上是对负面意见信息的控制，网络舆情作为意见信息的集合，是公众价值观念的外在表征，引导起来难度较大。接受理论认为，读者作为文学接受活动的主体，并不是消极被动地参与到作品中，去理解作品中作者的寓意与思想内涵，从这个视角来看网络舆情的引导，意见信息如何被公众接受，对价值引导的实现更具决定性意义，也就是"怎么说"在一定程度上比"说什么"对说服的效果更具影响力。因而，讨论公众接受不同形态的价值引导内容的特征，把重心转移到公众如何接受方面，对网络舆情处置而言，具有深刻意义。

公众对价值引导内容的接受程度如何，很大程度上取决于如何在新时代背景下构建符合时代要求的话语叙事体系。在网络舆情处置的话语表达策略中，究竟采用硬性灌输的话语表达还是采用柔性植入的话语表达值得深思。

硬性灌输以明示结论的方式可以在短时间内将价值观点强势输出，对于一些争议性不大的问题，往往具有不错的社会动员效果，但面对去中心化的传播格局和多元化的意见环境，这种明示结论的说服方式很多时候则显得效果不够理想，尤其当对话双方处于一种情绪化非理性的对话空间之中的时候，硬性灌输往往还会起到火上浇油的反作用。

柔性植入以寓观点于故事中的方式，往往能够起到润物无声的说服效果。故事比观点更容易传播，寓观点于故事中就好比给苦口良药包上了一层糖衣，更容易被接受。不过，采用柔性植入的方式也存在一定的弊端，受众可能只停留在故事的表面，而未能深入领会故事之中所蕴含的观点，这样也就不能达到价值引导的目的。

综上，在网络舆情处置的实践中，硬性灌输和柔性植入都是价值引导的重要形式，两者具有目标上的同构性和功能上的互补性，是辩证统一的。互联网的去中心化重塑了公众的交往格局，因此在网络舆情的价值引导工作中，构造一个"寓教于境"的表达空间就显得尤为重要，而其关键就在于营造一种良好的沟通氛围，要创新话语方式，以提升价值引导内容的亲和力。在这个表达空间中，要形成开放包容的话语表达机制，改变传统理论说教的单向度逻辑，将叙事内容同生活气息和时代风貌相结合，将价值引导话语和生活化表达、数字化符号相结合，对价值引领的内容进行生动诠释和精准传递，加强其在不同情景中的价值引领力，从而对网络舆情主体的知情意行产生潜移默化的引导效果。

（三）构建超越价值认同的身份认同

后真相时代的网络意见表达和情绪宣泄多于理性对话，在此背景下公众为了追求情感的共鸣，就形成了抱团取暖的圈子，意见的社群传播时代来临。网络公共空间的意见表达，开始转向一个个隐匿的圈子里进行，由于圈子中的成员拥有相似的价值观，进入圈子的意见信息经过"立场过滤"，不同的意见信息必然会消失，在"沉默的螺旋"的影响下，圈子内部的意见会逐渐趋向一致。这种圈层化的传播很容易形成"信息茧房"，导致群体极化，这对舆情环境的健康发展是不利的。

如何对非理性的情感宣泄进行有效引导，实现多元意见的最大共识，是后真相时代网络舆情处置无法回避的问题，面对圈层化的传播局面，"破局"之道在于"破圈"，要构建超越价值认同的身份认同，让价值引导的话语具备渗透圈层的能力。

圈子中成员的价值认同是形成圈子凝聚力的核心要素，就意见信息的传播而言，"谁说的"比"说什么"更具影响力，存在一种认知习惯，即"我认同的人说的就是对的"。这种现象反映的就是圈子内部成员的"身份认同"。信息的互动传播可以视为一种以信息为主的社会交换，从这个意义上说，信息来源的可信度比信息更重要，因为社会交换的前提和基础是信任。基于情绪的疏导和情感的引导可以构建双向互动的"话语共同体"，而价值引导则需要在此基础上依靠平等对话来构建价值认同和身份认同，其中身份认同是本体层面的认同，是超越价值认同的无限信任。

构建身份认同主要包括两方面。一是人文精神的彰显，要充分体现对人性的尊重，对人的主体性的肯定。在此基础上实现平等的沟通以获取信任。二是调动更多的注意力参与社会互动，只有彼此交流，才能从中找到多元意见的最大公约数，形成社会共识。网络圈层同现实社会一样，都具有一定的自组织性，不能采用"压服"的方式去控制和支配，反而应该寻求适合多元主体参与的网络舆情处置框架，使多元主体的利益诉求能够得到充分表达，最终达成意见共识。

第七章 话语嵌入：校园数字平台建设与话语功能激活

高校网络思想政治教育话语体系具有较强的功能导向、实践导向和价值导向，"以言行事"是高校网络思政教育话语的鲜明特征之一。从言语行为的视角审视当代高校网络思想政治教育话语发展趋势，发现除了传统的训诫、批评、命令等直接言语行为，数字时代的大数据、人工智能和数实融合等技术的发展创造了更多种类的言语行为实现方式，为实现网络思想政治教育话语功能提供创新途径。高校集成化的校园数字平台既是校园治理数字化的实现途径，也是思想政治教育话语传播，实现其话语语用功能的重要手段。

第一节　基于数字集成的精准内容推送

在移动互联网时代，网络信息传播在现代信息技术的加持下呈现出传播渠道扁平化、信息生成碎片化、传播速度指数化、内容呈现视觉化、传播模式茧房化等特征，使社会"大网络"中的思想通过各种网络传播途径进入高校思想政治教育的"小网络"之中，开展网络思想政治教育工作的环境变得更加复杂，网络思想政治教育话语目标实现面临着新的挑战。

一、集成化的校园数字平台载体

自 1994 年我国正式接入互联网以来，网络思想政治工作在近 30 年经历了从最初的被动式网络舆情回应、宣传教育网站建设，到校园网络互动平台建设的历程。以互联网为核心的数字化技术打破传统思想政治教育瓶颈，在很大程度上改变了原有"师传生受"的主客体关系结构。[①]建设集成化的校园数字平台符合社会主义思想政治教育的一般规律，是

---

① 时影，舒刚. 数字化时代高校网络思政育人的价值生成与实践路径：基于主体间性视角的考察 [J]. 国家教育行政学院学报，2022（9）：69-75，95.

新时代高校思想政治教育面临的新挑战，实现网络思想政治教育提质增效和创新发展的重要举措。

（一）网络阵地是开展网络思想政治教育的重要载体

随着校园网络在高校思想政治教育中的作用日益突出，以高校为管理主体的网络阵地是开展网络思想政治教育的重要载体和工作抓手。思想政治教育中的灌输理论和阵地意识仍然适用于网络思想政治教育，同样受到思想政治教育一般规律的约束和制约。一方面，网络思想政治教育需遵循灌输理论，积极把握网络思想政治教育主动权，树牢和强化阵地意识，建好实施网络思想政治教育的各类平台和载体；另一方面，要遵循网络传播规律和发展趋势，运用新兴数字化技术促进网络思想政治教育高质量发展，将网络思想政治教育嵌入网络教育生态的方方面面，把握未来网络思想政治教育的主动权。

我国网络思想政治教育工作实践大体经历了三个时期：一是以基层的自发探索为特征的被动适应阶段；二是以各类"红色网站"的建设为特征的主动应战阶段；三是以综合性网络社区的发展为特征的自觉深入阶段。①高校网络思想政治教育载体建设经历了不同类别的平台。第一类教育载体是百度贴吧、人人网等校园网站。这类校园网站设立于互联网公共平台上，是大学生日常交往和校园信息交流的匿名平台，管理主体为学校或社会个人。第二类教育载体是互联网社交媒体，如微信、微博、抖音等，高校往往通过"入驻"的方式进入这类载体，开设官方账号宣传思想政治教育工作，管理主体为平台工作人员，按照不同平台的运营规则进行匿名制的网上社区交流。第三类教育载体是围绕高校办公信息化和校园管理的联网功能建设的校内各部门的信息化系统。这类校园载体设立于学校内网之上，是校园业务办理和开展校园日常管理工作的重要依托，网站能够将校内师生统一到同一平台，进行实名制线上交流，

---

① 张再兴.我国高校网络思想教育的十年历程与发展[J].思想教育研究，2005(7)：2-6.

往往依据校内业务划分不同的管理层级与网络身份。管理主体为学校相关业务的负责人。第四类教育载体是教育主管部门设立的综合性校园网络社区，如易班、大学生在线等平台。随着校园网络在高校思想政治教育中的地位和作用更加凸显，网络思想政治教育实践需要综合性的校园网络社区将网上教育与线下教育相结合，通过整合校园生活与思想政治教育内容，为网络思想政治教育工作创造基于真实校园场景和师生日常需求的工作平台，将更多的教育主体和教育客体纳入其中，构建联动协调的思想政治教育格局。

无论如何，网络化的校园已经成为高校校园生活的另一主要阵地。网络虚拟空间中对网络载体的建设是掌握网络思想政治教育工作话语权的重要途径，通过对网络载体的运行规则、运营机制和管理角色的建设运营，高校相关部门可以获得思想政治教育话语主导权，故网络阵地的建设显得尤为重要。

（二）数字平台是高校思政工作的创新载体

高校网络思想政治教育面临的网络环境随着互联网用户和信息体量的逐年增长，呈现出与日俱增的复杂化与多样态特征。网络信息作为表层的社会意识具有时空延展性强、流动活性高、传动外露化的特点，在现有技术条件下，高校网络管理者在信息准入、过滤、排查、处理等方面力有不逮[①]，在时间线上往往落后于网络舆论的发展和最新商业化应用的发展，难以做到对有互联网信息倒灌的校园网络环境的全面管控，网络思想政治教育话语传播容易面临"失声"情况，与互联网商业化运营账号争夺关注和"流量"往往十分困难，网络思想政治教育话语权威的树立面临重大挑战。在一段时间内，综合性校园社区起到了校园思想宣传和思想政治教育的阵地作用，但是随着自媒体和移动互联网的兴起，

---

① 马静音，曹银忠. 高校网络舆论场主导权建设研究 [J]. 学校党建与思想教育，2022（4）：78-81.

高校思想政治教育面临新挑战，需要用新技术建立干预和参与能力更强的渠道进行有效的思想引领。

数字平台的出现为高校思想政治教育提供了新的网络话语传播载体。从数字平台对思想政治教育的提质增效角度上看，第一，发展基础方面，数字化技术的发展是开展数字思政教育的前提，数字平台是开展数字思政教育的载体。第二，发展特征方面，数字思政具有集成性、智能性、协同性，与传统灌输式、粗放型思政相对应，通过使用大数据、人工智能等现代信息技术手段，可实现对大学生群体和个体的发展全要素进行精准识别、精准分析、精准预测和精准干预。第三，发展实践方面，高校通过建立数字化的思政育人平台，接入十大育人体系内容，形成基于大数据的学生个体和群体的数字画像，建立数据可视化的分析反馈系统，以此为高校思政工作提供新的路径。总而言之，数字平台是传统综合性校园网络社区的升级。通过使用人工智能、大数据、云计算等数字化技术，以数据要素为驱动，可以对教育资源进行数字化整合利用。在融合与建构中对校园场景进行改造，构建网络思政育人新场域，提供新渠道和新方式进行思想政治教育话语的输出。

二、数字化的话语传播渠道构建

数字化传播是以多媒体为载体，以数字化技术为核心的一种传播方式。通过使用大数据预测技术、空间场域建构技术、VR技术等，对原有的线上线下思想政治教育体系进行数字化重构，突破物理思政场域的约束，实现跨越空间、时间和固定流程的交互。数字化的校园思想政治教育话语传播渠道主要通过分众式数字化身份创设、数字化赋能校园传播渠道两个方面进行构建。

（一）分众式数字化身份创设

网络世界的产生基于现实世界，又因其虚拟性、建构性、开放性、即时性、互动性等特征，其复杂程度又超越了现实世界，具有特殊规律。网络世界中的数字身份具有特殊性，是个人或实体在数字世界中的唯一标识。数字身份通常包括一系列数字信息，用于验证和识别个人或实体的身份，在互联网和数字化社会中起着关键作用，还用于访问在线服务、进行电子交易、与其他用户互动以及确保安全性和隐私。高校分众式思想政治教育数字化身份的创设具有映射性和虚拟性双重特征。

映射式数字身份是数实融合的基础。通过使用数字化技术可以构建一套基于现实校园的映射式数字身份体系，创设与现实世界对应的数字空间，实现即时的信息传输、资源整合和行动反馈。与真实校园环境对应的数字身份体系可以自动构建基于学生校园身份，如班级、年级、社团、课程班级、宿舍园区等为分类标签的数字身份，形成与现实对应的数字身份分组。

虚拟式数字身份创新思想政治教育话语传播。数字化技术能够创设虚拟人物、虚拟关系网络，甚至能构建具有仿真世界观体系的虚拟空间，从而影响现实中人的思想和情感。通过制定数字空间的运行规则，对事物之间的关联方式进行解构和转化，完成对人、事、物之间关系的优化，驱动现实组织运转的变化与发展。数字化技术对现实世界的解构性重构，可以反向驱动现实世界的事物发生新变化。在过去的网络思政建设实践中，实名制和匿名制的交互、交往方式往往会对参与者的话语选择与语用效能发挥较大影响。数字思政创设的新型话语场域可以基于匿名与实名之间，让高校既能够保持对思想政治教育话语传播的主动性，又能顺应互联网匿名传播的普遍规制，给予参与者更多的话语自由。

（二）数字化赋能校园传播渠道

校园现有的话语传播渠道呈现板块化和圈层话特征，信息往往在有一定特征的小圈子领域进行交换和流通，容易使话语传播不透明、不对称。依托全员在场的数字平台，可以使用数字化技术和在线渠道增强传统传播渠道的效力，从而提高思想政治教育话语的影响力和语用功能。

数字化赋能高校思政教育主渠道。思想政治课是高校开展思想政治教育的主渠道，是落实高校立德树人根本任务的关键课程。当前，在"两个大局"交织的时代背景下，意识形态领域的斗争更加激烈，高校通过思想政治课要为学生扣好人生第一粒扣子，增强正确价值观塑造的能力。数字化赋能高校思想政治课，关键是要为思想政治课教师的教育教学赋能增效。在提高思政课教师数字素养的基础上，提升思政课教师的思政教育话语时代化能力，增进话语"共情"，让课程更具感染力、影响力。运用数字化技术和数字平台，让思政课"活"起来，让思政理论内容更加浅显易懂、深入人心，推进学生对思政课内容"认知—情感—行为"三大认同阶段的转化过程。

数字化赋能校园文化建设。校园文化为高校思想政治教育营造融入式育人的整体氛围，积极向上的校园文化能在潜移默化中影响学生言行，引导学生形成正确的思想政治观念。数字化赋能校园文化建设可以通过使用数字化平台提高教育质量和管理效率，加强对全校的治理，通过治理话语模式的转变，将僵化的管理规制转化为价值上的引领和劝导。数字化赋能校园文化建设还可以通过 AR、VR 等技术丰富学生的校园体验，促进校园文化的多样性和创新性发展。

数字化赋能高校实践教育。数字化赋能高校实践教育是指利用数字化技术和在线资源来丰富和改进高等教育中的实践教育，以实践教育为载体，培养学生正确的就业意识、择业意识和人生理想。首先，可以使用数字化技术构建线上虚拟实习项目，模拟真实工作环境，积累实践经验，提高就业竞争力。其次，建设在线实践资源库，包括实习报告、案例分析、项目文档等，供学生随时查阅和学习，方便实践教育的积累和分享。最后，可以打造远程合作项目，利用视频会议和协作工具，组织跨地域的合作项目，培养团队合作能力。总体而言，通过与行业伙伴合作开展实践活动和劳动教育，让学生参与实际问题的解决，加深对课本知识的理解，加强对现实生活的多方位了解，获得真实的实践经验。

三、精准化的思政教育话语内容推送

互联网技术和新媒体改变了文艺形态，催生了一大批新的文艺类型，也带来文艺观念和文艺实践的深刻变化。由于文字数码化、书籍图像化、阅读网络化等发展，文艺乃至社会文化面临着重大变革。思想政治教育话语的精准推送是通过个性化、智能化的方式，基于用户数据采集、智能算法、行为触发、多渠道建构等，将特定思政教育信息定向传递给教育客体，以更好地实现思想政治教育目标。实现思政教育话语内容的精准推送，要实现思政教育话语的精准生成、基于数字系统的渠道构建和基于数字平台的定点推送。

（一）思政教育话语的精准生成

思想政治教育话语的精准生成要从话语内容、话语形式、话语对象三个层面展开。首先，思想政治教育话语内容随时代发展不断更新。思想政治教育的政治性、思想性和意识形态性都是基于现实世界的政治格局和社会形态产生的，在沉淀出经典理论的同时在不断发展新理论和新内容。思想政治教育话语不能脱离当前社会发展和个人发展需要空谈理想和价值。思想政治教育要通过学习党的创新理论，培育社会主义核心价值观，与时俱进不断更新和充实时代性内容，培养青年人符合时代发展的正确思想观念，形成具有时代特征的话语体系。其次，思想政治教育话语形式随时代发展不断更新。思想政治教育话语的传播受到所在渠道和场域的影响，具有不同的传播形式。在互联网出现之前，思想政治教育话语往往采取说教式和讲授式的教育教学话语形式，主要是单向输出和单向接受。互联网的对话性、透明性和匿名性丰富了思想政治教育话语形式，思想政治教育开始有图文、视频等新传播媒介，发展出碎片式、暗含式、隐喻式等间接话语表达。数字化技术重塑了思想政治教育

生态，需要发展更具数字化适应性的新话语形式。最后，思想政治教育话语对象随时代发展不断变化。作为以"00后""10后"为代表的"Z世代"青年被喻为互联网的"原住民"，具有更强的自我个性和自我实现的需要，更擅长在网络世界和数字世界中活动，是具有新型特征的思想政治教育话语对象。

（二）基于数字系统的渠道构建

高校要积极营造数字系统，将数字系统作为思想政治教育话语传播的新渠道。将校内学生相关的应用集中到数字平台，围绕学生成长成才和管理服务需求，集成与学生有关的信息和主题教育内容，面向学生精准推送通知公告及图文信息。通知公告分级分配管理账号，实现校院两级通知公告分群组精准推送；党委学生工作部、校团委、招生与就业处等职能部门可面向全校学生发布通知公告；学院管理员账号可定向对本学院学生发布通知公告。联通全校各业务系统数据和教育教学资源，开发面向学生的小应用和微服务，以及辅导员应用管理功能。建设开放式资源平台，整合抖音、易班优课等视频资源，聚焦学生成长成才，发布师生制作的短视频，集成易班网资讯、活动、博文、短视频等资源和服务大厅功能。

（三）基于数字平台的定点推送

思想政治教育的教育供给要满足教育对象的实际需求，从实践角度看，需要进行分众和分类的话语传播。高校要系统地建设数字平台，有针对性地设计出多种话语输送方案，利用数字化、智能化技术赋能，实现自动化、智能化、扁平化的思想政治教育内容的定点推送。一是提高校园信息输送效率，为特定人群提供限量有效信息。移动互联网与互联网应用的发展给个体带来海量信息，使得个体在进行话语输入时采用"筛选－选择"吸收的模式。在这类行动习惯中，思想政治教育话语的输入失去了强制性，思想政治教育话语有可能会被边缘化，达不到预期效果。要为个体精简信息量，将必要信息直接推送给相关的群体，增强信息的阅读刚性。二是提高思政内容输送的分众性。依托数字平台，解析话语对象的特征，顺应思想政治教育规律和学生成长规律，预测对象的需求，及时提供相关信息与服务，提高思想政治教育的精准性。

第二节　基于权势平衡的对话互动模式

按照思想政治教育的规律，过于强势、强权的思想政治教育行为不利于思政客体能动性的发挥，而过于弱势、完全平等的思想政治教育话语又不利于教育功能的实现。在思想政治教育话语互动模式中，要想在实际交流中实现思想政治教育话语功能，就要从思政教育主体和客体的角度构建平衡、透明的语言权势关系。

一、塑造话语权威与权威话语

思想政治教育主要发挥作用的领域并不在上层建筑之中，而是以一种毛细血管般的权力力量，形成一股运行于社会肌理细枝末节处可知但不可见的影响和控制。教育主体通过权威话语体系的建立，可以实现对事物或事件的定义和运作，从而拥有了主导其发展方向的强制力量。话语的权威是思想政治教育治理影响力和感染力的重要保证，而权威的话语是言语主体向外施加的具有威权内容或形式的话语。

一方面，思想政治教育输送权力机关的威权性语言，这些话语内容具有"以言行事"的能力，与语言相关的行为后果会受到权力机构的保证或干预。另一方面，通过具有威权属性的单位或个人，如政府、事业单位、企业领导、教师、家长、知名专家等，传输的与管辖辐射范围相关的权威话语，主要体现在对事物的"阐释权"上，体现话语的说服力和影响力。在网络时代，拓宽了的信息传播渠道形成了更为扁平化的信息触达路径，自发地形成了以网络"流量"为特征的新型"权威"，占领了思想政治观点互联网传播的渠道和阵地。要扩大主流意识形态和正向思想内容的影响力，就要顺应网络时代影响力生成规律，把握网络传播的主导权和主动权。数字思政内容体系和工作体系的建立要在增强思想政治教育内容的实际影响力、感染力、说服力上下功夫，以多种方式相结合，保持和塑造思政教育话语体系的权威，并与时俱进地不断发展各类新形式的具有强大传播力、影响力的新权威话语。

思想政治教育话语权威是建立在合法性、逻辑性和边界性三个特征之上的。作为高校教育场域中的教育话语之一，思想政治教育在高校的整个教育体系中有明确的合法性。以思想政治教育课为代表的课程被列入学生学习计划，成为学分认定标准、课程代码、学时要求必修课程，课堂之中教师所施加的思想政治教育言语具有高度合法的话语权威。作为校园治理主体之一的思政辅导员，通过担任班级组织、学生管理等第一责任人和直接负责人，应依法行使思想政治教育职责，话语具有较高权威。以此类推，校园中的各类群体由于自身肩负的不同角色和行动职责，在其行使职权时享有不同程度的话语权威。思想政治教育话语权威的强与弱，能有效发挥功能的场景和场域都是受到其校园角色合法性制约的。

思想政治教育方向和内容的规定性决定了思想政治教育话语的逻辑性。包含了思想教育、政治教育和道德教育的思想政治教育内容广泛，基本理论又涵盖了马克思主义哲学、马克思主义政治经济学、中国特色社会主义理论、习近平新时代中国特色社会主义理论、公民道德、法律基础、中国近代史等，以理性经验为教育底色。在思想政治教育话语的实际生成和行为实施中，往往要兼具理论的高度、共情的温度和感情渲染的效度，较具思想政治教育话语主体个人风格和感性色彩。要保持思想政治教育话语的影响力，就需要中和思想政治教育话语的理性因素和感性因素，以理性逻辑为出发点，增强话语的条理性和逻辑性。

高校的思想政治教育有明显的边界感。一方面，普遍共识中的高校思想政治教育具有特定场域和专门的教育主体。例如，思想政治教育的主阵地是思想政治课，进行系统性的思政知识讲授；大学生日常思想理论学习和思想品质塑造的主要方式是主题班会、谈心谈话、主题活动等。在"三全育人"和"十大育人体系"工作要求下，实现全员、全方位和全过程育人，意味着要使用新的话语渠道和话语方式让思想政治教育话语"出圈互动"，让本在边界之外的教育言语实现跨界的话语功能激活。

话语权威性是话语语用功能实现的重要保障。思想政治教育是主流意识形态的主导和传输，是党和国家工作的重要组成部分，具有天然的权威性。加强思想政治教育话语权威的塑造，是高校掌握意识形态领域的领导权、管理权、话语权的题中应有之义，是为中国式现代化培养人才，高扬理想信念，扶正文化脊梁，塑造精神品格，凝聚价值共识，引领社会思潮，开展思想斗争，发挥思想政治教育话语应有的影响力和支配力的重要途径。[①]

二、基于权势平衡的话语互动

传统的思想政治教育依靠高校思想政治教育课和校园日常管理两个主要工作板块，通过使用高位权势的权威话语输出，能够较好地实现思想政治教育话语的功能和目标。但是随着经济全球化的深入发展和互联网的深度融合，校园思想政治教育场域不再是由高校主导的单一化、封闭化的育人场景了，而是充满外部"杂音""噪音"倒灌的复合性话语场，更多的外部言语主体直接或者间接地参与话语输出，高校主体的思想政治教育话语功能的实现受到阻碍。受教育外部环境和校园发展的影响，传统高位权势的权威话语输出不能实现新时代思政教育话语功能，要在适应新环境的基础上，构建起基于权势平衡的话语互动。

---

① 杜敏.思想政治教育话语权研究[D].兰州：兰州大学，2018.

受教育外部环境和校园发展的影响，传统高位权势的权威话语输出不能实现新时代思政教育话语功能，要在适应新环境的基础上，构建起基于权势平衡的话语互动。

互联网对现实生活的改变为高校思想政治教育话语传播带来新挑战。首先，自媒体时代人人拥有"麦克风"带来的话语权分散问题。全媒体时代打破了"信息统一生产和分配"的传播格局，社会舆情呈现出更多的传播维度、海量的思想观点和更为复杂的信息输送格局，弱化了高校思想政治教育的权威性。其次，互联网"信息茧房"容易形成同质化单一信息领域，加速思维方式固化、思想视野窄化、判断决策片面化，将思想政治教育融入的新内容排除在认知之外，降低思政话语认同度，降低了高校思想政治教育的权威。最后，互联网的话语传播方式让高校学生适应了对话式互动模式，对说教型等直接权威话语方式产生了反感。以"Z世代"为代表的大学生群体有鲜明的权益意识和自我表现欲望，对社会规则、校园常规和校方教导有抵触情绪，消解了高校思想政治教育的合法权威。

要想提升思想政治教育话语效度，就要积极增进新的话语场域构造，让高校成为新场域的规则制定者和主理人，重设身份的威权性。同时，创新思想政治教育话语输出方式，利用数字化技术将单个的人模糊化，以"事"促"动"，使新时代大学生发扬自我个性，使用数字平台引导学生规范自我言行，实现自我管理和自我约束。

三、基于思想引领的话语体系

高校思想政治教育场域俨然构成了特定的话语场所，形成个体话语与集体话语、官方话语与民间话语、校园话语与媒体话语、教育话语与非教育话语的博弈。高校成了社会公共能量场中的一个重要的子系统，高校的教育教学生态化受到所处的社会大生态的影响，思政教育的话语权势要在数字平台的干预下实现由育人主体引领的动态平衡。

　　数字思政平台对高校思想政治教育话语权势平衡主要体现在规制力上。高校建设数字思政平台的核心在于全面引领、可管可控。高校作为数字平台的建设主体、运营主体和教育主体，既要顺应数字话语传播和教育数字化规律，又要遵循思想政治教育规律。2023年2月，中共中央、国务院印发了《数字中国建设整体布局规划》，提出"大力实施国家教育数字化战略行动，完善国家智慧教育平台"，再一次强调了国家教育数字化战略行动，并将其纳入数字中国建设整体布局加以规划和落实。数字思政平台作为实现多维度数字化融入的思想政治教育体系，强调把思政数字化与数字思政化有机结合，切实将数字化技术与思想政治教育有效融合，是落实教育数字化要求的关键。数字化技术拓展了思想政治教育的话语空间，高校教育者要掌握话语主动权，充分发挥引导作用，帮助青年学生通过数字思政平台互动，主动认同、接受主流意识形态，从而学会在互联网海量信息中理性辨别多元话语，在舆论风波中分清是非曲直，捍卫社会主流价值观，在虚实交互中引领同辈共同发出中国好声音。

　　数字思政平台对于高校思想政治教育话语权势平衡来说是不断变化的动态平衡。第一，高校虽然作为话语强势的一方，具有较高的话语权威，主导威权话语的传播，但是不能形成"一边倒""一言堂"的态势和格局。平等对话、需求互通、话语共建才能加速数字思政的教育从外化接受思想到内化生成自觉行为的转化。第二，动态地实现话语权势的平衡是数字思政平台促进思想政治教育话语功能实现的重要途径。网络传播作为一个公共语场更强调平等对话，具有"弱势"特征的话语个体往往可以得到公众舆论和围观人员的同情，进而影响话语态势。与其他平台官方账号的言语形式不同的是，数字思政平台盛行的数字化、自动化的信息流转，与思政课题产生的是间接性对话。这可以缓和冲突事件中的矛盾，为问题发展提供缓冲时间，为恢复话语和谐提供转机。第三，数字思政平台可以提供一对多的话语渠道和开放式的话轮转换。在数据分析系统支持下，数字思政平台有能力以对象特征组建一对多的对话渠道。比起全体分发、按层下发和个别实行的传统渠道，数字思政平台的按需分发策略显然提高了话语实施的精准度。同时，高校可以通过数字思政平台内设特定话轮，通过规定好的话轮转换实现对思想政治教育会话和言语行为的支配与协调。①

第三节　基于数据分析的话语策略实践

人本主义心理学家罗杰斯（Carl Ransom Rogers）认为，人有能力进行的最重要的学习就是自我学习，他所倡导的"意义学习"就是发挥学生的主观能动性来激发学生学习的潜力，培养学生的兴趣，促进学生自由学习的欲望，这就是自我学习的引导和开发。②罗杰斯倡导"非指导性教学"，即突出在教育各个环节中让作为主要教育者的教师尽可能"隐身"，提升教育对象对自我的认知，引导其自觉向教育目标趋近。数字思政的提出和罗杰斯"以人为本"的教育理念不谋而合，高校数字平台的建设实践为高校探索数字化精准思政提供了路径和平台。

近年来，各高校正在陆续开展基于数字思政、精准思政的理论研究和建设行动，西华大学建立的"西华易班数字平台"是全国高校首个综合数字思政平台，其建设受到相关主管单位、思想政治教育理论研究者、高校思政工作队伍的热切关注和认可，为高校开展基于数据分析的思想政治教育话语体系建设提供了参考。

①　王倩. 电视问政：话语权势的博弈与平衡 [J]. 青年记者，2018（20）：64—65.
②　杜月菊. 罗杰斯的教育思想及对我国思想政治教育的启示 [J]. 学校党建与思想教育，2009（26）：93—95.

一、以提升党建引领力为目标的数字化平台

西华大学打造"e 心向党"易班智慧党建品牌，实施"红色引擎""红色课堂""红色旋律"三大工程。通过智慧化组织、标准化管理、双指数评价，启动党建引领的红色引擎，提升基层党组织战斗力；通过 e 党校、微党课、易思政，打造全天候、菜单式、开放化的红色课堂，强化党性教育，永葆党员先进性；通过微社区、工作室、融媒体，让红色旋律唱响云端，提高思想舆论引导力。通过"e 心向党"易班智慧党建品牌建设，集成党支部建设、党校培训、党员教育管理和党建工作评价等资源，建设智慧化、标准化、信息化的党建工作平台，推动党建工作与网络育人深度融合，让党务工作"实"起来，让党性教育"准"起来，让党建活动"活"起来。

（一）智慧党务，启动"红色引擎"

组建智慧党建专项工作组，构建校党委、学院党委、党支部三级联动工作机制，建设"云端"支部网络，以及行政班级、重点实验室、学生社团、志愿服务队、学生宿舍园区等线下支部。在"三下乡"社会实践、大型文艺演出、扶贫支教等专项活动期间，利用易班独特的在线功能，建设 50 多个线上党支部，为各类大型活动的开展提供组织保障。通过"系统＋规范＋手册"将"三会一课"、主题党日、发展党员、党组织换届等重点基础工作流程化、模板化，实现党建基础工作程序到位、规范运作、可管可控。建立党建工作和思政育人成效"双指数"评价体系（详见案例一），智能统计分析学校党组织和党员的各项基础数据、指标完成情况、活动开展情况、任务落实情况等，进行全程记录、实时统计、计算积分，实现党组织和党员信息档案"一部一册""一人一表"，实现党建工作评价数据化、可视化。

案例一："双指数"评价体系建设。

学校利用易班积极探索建设党建工作＋思政育人成效的"双指数"评价体系，用可分解、可实现、可衡量的考核指标，将党建工作和思政育人成效数据化、精准化、可视化，并将评价结果纳入事业发展规划和评价体系中。

强化党建引领，二级党组织以事业发展来检验党建工作成效，以党建工作来确保事业发展方向。细化并定量各二级党组织"党的建设与综合管理""基本职责履行"2个一级指标的目标任务，将学生深造率、毕业生就业率、学生学科竞赛获奖数量、科研到账经费总额、师均年科研经费、国家级省部级科研平台和项目数量、高级别论文发表量、学科影响力、高层次人才数量、高学历高职称教师占比等业务工作数据化，统计分析结果直接纳入二级党组织评奖评优中、纳入中层领导班子和干部考核评优中，作为党组织书记抓党建述职评议的重要依据。

筑牢战斗堡垒，提升师生党支部组织力，推进标准化、规范化建设。通过易班智能统计分析各党支部和党员的基础数据、支部"三会一课"和主题党日活动开展情况、任务落实情况等，形成统计图表，实现党支部档案"一部一册"。分类评价考核教师和学生党支部及支部书记，教师党支部事业发展成效重点考核支部教师党员在思政课程建设、教学比赛获奖、科研项目申报、指导学生创新创业团队建设等方面取得的成绩，实行师德一票否决制。学生党支部学业发展成效重点考核支部学生党员思想政治表现、学习成绩、深造率、第二课堂成绩单、5A证书获得率和校级以上优秀荣誉获得率。

激发责任意识，发挥师生党员的先锋模范作用，营造比学赶帮超的浓厚氛围。建立入党积极分子、发展对象、预备党员和正式党员的积分考核管理制度，对各类人群日常表现进行网络纪实。要求党员积极参加理论学习、讨论、竞答、征文，通过线上学习交流心得，服务乡村振兴、助力打赢脱贫攻坚战，参与理论政策宣讲活动，并及时上传个人信息。

将管理服务类教师党员在管理育人、服务育人，教学科研类教师党员在教学育人、科研育人方面发挥作用情况，在读学生党员在学业成绩、第二课堂成绩、志愿服务次数等方面发挥作用情况作为民主评议党员、党员评奖评优的重要依据。

健全基于易班的党建工作＋思政育人成效的"双指数"评价体系完善了学校对各级党组织和党员的量化评价，加强了基层党组织建设和党员发展教育管理，强化了考核结果的运用，进一步提升了学校党建工作信息化和精准化水平。

（二）云端教室，建设"红色课堂"

立足学生、教工等不同"岗位画像"，面向入党积极分子、发展对象、（预备）党员、专职组织员、党组织书记、思政工作者、宣传员等八类角色，构建岗位学习模型，绘制党建"细胞工程"学习图谱，实现"人、岗、课"相匹配的精准化"滴灌"式智能推送，组织4 500余名师生参加精准化"e党校"培训（详见案例二）。遴选学校党员领导干部、理论专家名师、优秀党支部书记、优秀学生党员为宣讲骨干，打造金牌党课。以直播间党课、短视频展播、互动程序等形式，为师生提供菜单式选课、预约式点课、竞答式课堂等"微党课"服务。例如，"长在红旗下"课程群，为760名入党积极分子提供党课服务；"砥心跟党走"课程群累计学习人数超过5 000人次。建设"思政易学堂"，组建优秀党员教学团队，开设名师工作室，打通党校、党课与思政育人之间的内核联系，整合多方教学资源，开展覆盖全平台的各类翻转课堂学习活动。

案例二：开办"e党校"。

西华大学党委利用云端教室，积极组织开办"e党校"，集"培训课程、培训班次、培训党校"于一体，通过"线上＋线下"相结合的方式面向党员开展思想政治教育工作，构建开放型、共享型、智慧型线上学习生态。

一是定制个性化培训课程内容。立足学生、教工等不同岗位需求，面向入党积极分子、发展对象、（预备）党员、专职组织员、党组织书记、思政工作者、宣传员等八类不同角色，为学员量身定制课程。2021年针对专职组织员、各学院党支部书记和教工宣传员（含新媒体指导教师）共计培训245人。

二是开设特色线上培训班级。组织实施6期"鸿鹄计划"党员干部在线学习专题培训班，培训人数共计1 070人次，围绕科级干部履职、处级干部治理两大能力提升，开设了包括战略发展、创新能力、专业素质、人文修养、职业素养等40余门"e课程"。

三是组织规范化发展对象党校课程。根据党建工作和思政育人成效"双指数"分析评价发展对象情况，进行学员"画像"智能统计来确定参加党校学员名单，最后对相关学员精准下达学习任务，开启"人、岗、课"相匹配的精准化"滴灌"式智能党校课程推送。邀请专家进行线上答疑，以直播间党课、短视频展播等形式宣讲党的创新理论、宣传党的光辉历史。目前，依托"e党校"举办发展对象培训班5期，培训学员近4 500名。

"e党校"将持续聚焦主责主业，充分挖掘在线学习、专题培训、竞赛考试、名师直播、知识共创、交流互动、数据同步等系列功能，共享、共建教育培训资源，进一步延伸党员教育外延，拓展党员教育的内涵，使党建工作的内容更加丰富饱满。

（三）融媒阵地，唱响"红色旋律"

打造"党建微社区"（详见案例三），建设集发布党建动态、宣传先进典型、开展经验交流、展示党支部品牌特色为一体的党建微社区。依托易班话题功能，开展"微访谈""云活动"，通过"一月一主题，一院一特色"的方式，每年组织200余场党团主题教育活动，单次活动最高投票达到178万人次，单次活动最多留言数达6万条，形成网络文化活动品牌。孵化"党建工作室"，孵化和培育 40 余个教师党支部书记"双带头人"工作室和"壹麦"网络文化工作室（详见案例四），聚焦师德师风、思想引领和学生成长困惑等主题，发表教师博文 12 543 篇，推出《春风化雨 润物无声："壹麦"网络文化工作室优秀网文集》等一系列有思想、有温度、有品质的作品。建设"党建融媒体"，以易班为中心，融合全校 300 余个网络账号，形成党委统一领导、组宣部门统筹、二级党组织参与、各级各类校内外媒体融合的党建工作宣传体系。推出一系列师生喜闻乐见的内容精品与大型主题活动，面向全网推出优秀共产党员、先进基层党组织系列报道，充分发挥共产党员的榜样作用，党组织的吸引力、凝聚力进一步增强。

案例三：打造"党建微社区"。

为贯彻落实立德树人的根本任务，学校党委鼓励全体师生党员积极进行党建宣传内容创作，从中挖掘特色，按照品牌化建设的思路，逐步培育出一批有影响力的内容生产团队和党建特色栏目。

围绕时政热点发布党建动态。学校依托易班平台的党建宣传板块，在易班开展各类党建活动，将线上报名、网络展示、讨论交流与线下活动有机结合。将党员社会实践、志愿服务、党员义工日等活动通过主题帖推送给全校师生。以建党 100 周年为契机，广泛开展党史学习教育，围绕学史明理、学史增信、学史崇德、学史力行目标，充分发挥学生党员的模范带头作用，引领青年学生积极参与庆祝中国共产党成立 100 周年系列活动，把党史总结、学习、教育、宣传不断引向深入。

宣传先进典型展示党建风采。组织"易班微访谈"，宣传报道先进基层党组织和优秀共产党员，引导党员坚定理想信念，砥砺初心使命。开展"易班支部风采展"，调动党支部参与平台运营、展示建设成果的积极性，形成激发工作活力和提升工作效能的良性循环。集中推出一系列学生喜闻乐见的产品，制作《颂歌献给党》《西华力量》等短视频，讲好党建故事，传播党建声音。

孵化党建工作室进行经验交流。依托易班平台孵化和培育了一批党建工作室，党支部书记和辅导员积极撰写网络博文，创新叙事方法，运用讲故事、举案例、摆事实的方式，以通俗化的语言表达思想、凝聚共识，推出了一系列有思想、有温度、有品质的作品。《春风化雨 润物无声——"壹麦"网络文化工作室优秀网文集》在思想引领、学习指导、生活辅导、心理咨询等方面起到了积极作用，产生了广泛影响。

组织党员主题教育展示品牌特色。开发"网上重走长征路"小程序，开展"青年诵读党的二十大报告""永远跟党走""我心中的思政课""天天读党史"等网络文化活动，通过制作短视频、创作校园歌曲、发布新媒体作品等多种方式，弘扬主旋律、激发正能量，帮助学生树立正确的世界观、人生观、价值观。

案例四："壹麦"网络文化工作室。

"壹麦"取自"一脉相承"音译头两个字，希望通过原创网文，用文字的温度带给学生心理和情感上的抚慰，引起学生的情感共鸣，进一步掌握网络思想政治教育的主动权、话语权。经过5年的探索，创作原创网文223期，共计40万余人次阅读，单篇阅读量最高3万+，连续两年获得四川省易班建设与发展中心十佳特色公众号，入选全国易班共建高校优秀作品案例，有效开展了以党建为引领的思想政治教育工作。

一是以爱国爱校教育为主旋律。坚持和弘扬中国精神，创作出《无问西东，未来已来》《黄金时代，恰在当下》《青春建功，献礼建党97周年》《我要去维和》《青春与改革同行，梦想与奋斗为伴》《抓住"拔节孕穗期"，扣好人生的第一粒扣子》《家是最小国，国是千万家》《雨后西华》等原创网文，培养青年学子爱国爱校情怀，引导学生树立正确的历史观、民族观、国家观、文化观，增强青年学生的骨气和底气。

二是传统文化教育彰显文化自信。弘扬优秀传统文化，推出《清明，祭祖正当时》《大学传统：独立与自由》《文化发展，需要着眼未来但也要回望过去》等原创网文，实现传统文化与网络文化的有机融合，加快传统文化的创造性转化，提升网络文化的内涵和底蕴，使优秀传统文化以更加丰富的载体实现多维度、立体化的展现，进而提升师生文化自信，唤醒师生文化自觉，激发师生践行传统文化精神的热情，形成传承优秀传统文化的校园新风。

三是树立模范典型激发学子活力。关注新时代学生的校园生活，推出《独行吧，尽管有风》《"逐梦计划"：我是实习生》《人生的"弯路"，也是风景》《回望考研路，理想仍在闪光》《趁年少，少一份舒适，多一份冲劲》等原创网文，通过身边人和身边事，树立可敬、可信、可学的身边榜样，引导广大师生见贤思齐，激励西华学子勤奋学习，脚踏实地，形成创先争优的良好风气。

四是师生共同发声助力学生成长成才。将"面对面"的思政教育与"键对键"的网络思政教育相结合，推出《冬夜》《黄金时代，恰在当下》《愿你在教育的路上走来，做个散花者》《戊戌夏日，致儿书》《人生"弯路"，也是风景》等原创网文，让师生在思想碰撞中相互学习、相互了解，有效推进思政教育的深度融合。

"壹麦"网络文化工作室构建集辅导员、思政课教师、朋辈群体、校友等育人队伍的网络育人共同体，形成育人合力，以"党建+"的方式，以及青年学生喜闻乐见的方式将思想教育生活化，让思政教育润物于无声。

二、以提升课堂吸引力为目标的思政课平台

随着数字化技术的发展和传播格局的改变，需要通过数字思政互动平台创新思政理论课教学模式，针对学生困惑和教育重点提供优质的思政微课和思政大课，并建设以学生为内容供给主体的实践模式，鼓励学生思考和内化课堂内容，再将青年学生的爱国志、爱国情通过新媒体作品外化出来，提高思想政治理论课的实际效能，并在此基础上做好网络思想政治教育作品展播工作，加强内容供给和生际传播。

作为教育部社科司全国六所试点高校之一，西华大学建设思政课辅助学习平台"青梨派"（青年理论学习），打造覆盖教与学、备课与培训、交流与推广为一体的"大思政课"信息化系统，用现代信息技术手段为思政课赋能。改革思政理论课教学方式，建设"青梨学习派"思政课自主在线学习平台，与B站深度合作，创新思政"微课"；改革学生平时成绩评价方式，建设"青梨实践派"大学生思政课实践成果展示平台，鼓励学生自主创作微电影、动漫、音乐、博文等网络文化作品，并发布至网络平台。

以思政理论课与课程思政精品项目为试点，根据师生的选课课表信息关联，自动生成班级课程表，支持教师课堂管理、师生多维互动。区别于超星学习通、雨课堂等基于具体课程单元的智慧课堂管理方式，数字班级连接思政数据中台，可查询与导出学生在校期间学业数据与思想行为数字画像，为课堂教学提供多维、深度的学情分析，解决教学与思政"两张皮"问题，提高教师教学设计的针对性与精准度，支持分类分层的个性化教学，为因材施教提供辅助工具。

推动思政理论课实践环节入驻数字思政平台，将学生实践成果进行数字化创作与展示，将网络传播与师生评价纳入实践学分考核。利用数字平台的需求调研与数据分析功能，对思政理论课内容进行精准设计与供给，建立"名师思政微金课＋学生实践展示课"的精品思政课互动体系，引导学生课后学、扩展学、深度学，将"教师讲"与"学生讲"相结合，实现优质资源的二次共享与深度传播。

三、以提升舆论引导力为目标的融媒体平台

顺应"泛在融合"的互联网发展趋势，西华大学进行订单式、定制化的网络文化成果产出，推进思想引领日常化、生活化。组建网络评论员队伍，在西华大学易班开设专栏，把握时、度、效，提升网络评论的针对性、实效性。通过集成博客、微信、微博、抖音、B站等新媒体资

源，建立理论学习、时间节点、舆情应对全校统一联动、集体发声的网络舆论引导机制。解决原有的校级和院级作品质量参差不齐、重复创造，官方和非官方发布内容不一致，管理审核难度大的问题。以新的体制机制打造具有强大影响力、竞争力的新型主流媒体，进行优质思政内容的集体创造、集体输送，加强移动端的信息传播力度，打通网页端与移动端的数据，成为凝聚共识的新空间。

（一）打造校级学生相关信息发布的唯一官方平台

树立全校"一盘棋"的新媒体运营理念，以已有的新媒体矩阵为基础，由党委宣传部管理校内新媒体账号，统筹面向全校学生的信息发布，在内容发布中充当"意见领袖"的角色。加强各级党组织对新媒体建设管理工作的领导，增强对互联网发展的适应性，牢牢把握网络舆论主动权；坚持属地管理、分级负责和"谁主办、谁主管、谁负责"的原则，建立完善的管理制度和运行机制，包括建立责任体系、落实工作队伍、完善发布审核机制等，严格归口审批与备案工作，使新媒体管理机制更加科学、规范，充分适应新时代融媒体发展需求。

（二）以学生为中心制作内容，实现"浸润式"思政教育

在"西华易班"中，新媒体内容建设与学生校园学习、生活、服务全方位结合，能够了解学生当下关心的热点问题。通过将校内学生相关的应用集中到西华易班平台，能吸纳多样化的校园信息来源：与学校的各个部门、学生组织、社团、学术机构等合作，确保涵盖学校各方面的信息，包括学术、文化、社团活动、体育赛事、校园生活等。将对学生的思政教育融入日常管理中，如在考试信息查询系统中嵌入诚信考试教育，在班车预约、互动预约等活动中嵌入守约教育，在各类活动宣传和组织板块嵌入劳育、美育……通过应用中的常规化提醒和特定场景下的思政内容推送，实现在"对的时间"将"对的信息"推送给"对的人"，提高思政内容的针对性、时效性和实效性。

（三）集约化创作优质思政内容，发挥网络育人功能

通过"西华易班"进行差异化传播，更好地挖掘网络空间育人功能。如何做到分众化、差异化传播是我校新媒体面临的突出问题之一。差异化传播通常指根据用户群体的差异、平台特性的差异通过不同类型的表现形式（如图文、短视频、直播等）进行传播，新媒体想要在众多媒体中脱颖而出，必然离不开差异化创新和传播，既要坚持"核心聚力"原则，又要讲求"百花齐放"。通过集成全校不同学院的优质新媒体作品，让"西华易班"账号更具多样性，更好地满足全校不同学生的信息摄入品味，推广全校优质新媒体作品。将全校优质内容集聚在同一平台上，再通过强大的点对点消息功能直达学生手机，不断提高思政内容传播效力。

宣传是手段，媒介是载体，核心在于育人。除了集成，还创作高质量的新媒体作品。全媒体时代，从来都不缺乏"声音"，缺乏的是高质量、有内涵、正能量的作品，缺乏的是能真正触动人心的佳作。归根结底，只有"接地气"，才能"沁人心"。习近平总书记强调："通过理念、内容、形式、方法、手段等创新，使正面宣传质量和水平有明显提高。"①

---

① 习近平 . 论党的宣传思想工作 [M]. 北京：中央文献出版社，2020：356.

参考文献

一、著作类

[1] 中共中央马克思恩格斯列宁斯大林著作编译局.马克思恩格斯选集: 第1卷[M]. 北京：人民出版社，2012.

[2] 中共中央马克思恩格斯列宁斯大林著作编译局.马克思恩格斯选集: 第2卷[M]. 北京：人民出版社，2012.

[3] 中共中央马克思恩格斯列宁斯大林著作编译局.马克思恩格斯选集: 第3卷[M]. 北京：人民出版社，2012.

[4] 中共中央马克思恩格斯列宁斯大林著作编译局.马克思恩格斯选集: 第4卷[M]. 北京：人民出版社，2012.

[5] 中共中央马克思恩格斯列宁斯大林著作编译局.马克思恩格斯文集: 第1卷[M]. 北京：人民出版社，2009.

[6] 中共中央马克思恩格斯列宁斯大林著作编译局.马克思恩格斯文集: 第2卷[M]. 北京：人民出版社，2009.

[7] 中共中央马克思恩格斯列宁斯大林著作编译局.马克思恩格斯文集: 第3卷[M]. 北京：人民出版社，2009.

[8] 中共中央马克思恩格斯列宁斯大林著作编译局.马克思恩格斯文集: 第4卷[M]. 北京：人民出版社，2009.

[9] 中共中央马克思恩格斯列宁斯大林著作编译局.马克思恩格斯文集: 第5卷[M]. 北京：人民出版社，2009.

[10] 中共中央马克思恩格斯列宁斯大林著作编译局.马克思恩格斯文集: 第6卷[M]. 北京：人民出版社，2009.

[11] 中共中央马克思恩格斯列宁斯大林著作编译局.马克思恩格斯文集: 第7卷[M]. 北京：人民出版社，2009.

[12] 中共中央马克思恩格斯列宁斯大林著作编译局 . 马克思恩格斯文集：第 8 卷 [M].
北京：人民出版社，2009.

[13] 中共中央马克思恩格斯列宁斯大林著作编译局 . 马克思恩格斯文集：第 9 卷 [M].
北京：人民出版社，2009.

[14] 中共中央马克思恩格斯列宁斯大林著作编译局 . 马克思恩格斯文集：第 10 卷
[M]. 北京：人民出版社，2009.

[15] 马克思，恩格斯 . 马克思恩格斯全集：第 3 卷 [M]. 北京：人民出版社，1971.

[16] 马克思，恩格斯 . 马克思恩格斯全集：第 20 卷 [M]. 北京：人民出版社，2002.

[17] 中共中央马克思恩格斯列宁斯大林著作编译局 . 列宁选集：第 1 卷 [M]. 北京：
人民出版社，2012.

[18] 中共中央马克思恩格斯列宁斯大林著作编译局 . 列宁选集：第 2 卷 [M]. 北京：
人民出版社，2012.

[19] 中共中央马克思恩格斯列宁斯大林著作编译局 . 列宁选集：第 3 卷 [M]. 北京：
人民出版社，2012.

[20] 中共中央马克思恩格斯列宁斯大林著作编译局 . 列宁选集：第 4 卷 [M]. 北京：
人民出版社，2012.

[21] 列宁 . 列宁全集：第 28 卷 [M]. 北京：人民出版社，2017.

[22] 毛泽东 . 毛泽东选集：第 1 卷 [M]. 北京：人民出版社，1991.

[23] 毛泽东 . 毛泽东选集：第 2 卷 [M]. 北京：人民出版社，1991.

[24] 毛泽东 . 毛泽东选集：第 3 卷 [M]. 北京：人民出版社，1991.

[25] 毛泽东 . 毛泽东选集：第 4 卷 [M]. 北京：人民出版社，1991.

[26] 邓小平 . 邓小平文选：第 1 卷 [M]. 北京：人民出版社，1994.

[27] 邓小平 . 邓小平文选：第 2 卷 [M]. 北京：人民出版社，1994.

[28] 邓小平 . 邓小平文选：第 3 卷 [M]. 北京：人民出版社，1993.

[29] 江泽民 . 江泽民文选：第 1 卷 [M]. 北京：人民出版社，2006.

[30] 江泽民 . 江泽民文选：第 2 卷 [M]. 北京：人民出版社，2006.

[31] 江泽民 . 江泽民文选：第 3 卷 [M]. 北京：人民出版社，2006.

[32] 胡锦涛 . 胡锦涛文选：第 1 卷 [M]. 北京：人民出版社，2016.

[33] 胡锦涛 . 胡锦涛文选：第 2 卷 [M]. 北京：人民出版社，2016.

[34] 胡锦涛 . 胡锦涛文选：第 3 卷 [M]. 北京：人民出版社，2016.

[35] 习近平 . 习近平谈治国理政：第 1 卷 [M]. 北京：外文出版社，2018.

[36] 习近平 . 习近平谈治国理政：第 2 卷 [M]. 北京：外文出版社，2017.

[37] 习近平 . 习近平谈治国理政：第 3 卷 [M]. 北京：外文出版社，2020.

[38] 习近平 . 习近平谈治国理政：第 4 卷 [M]. 北京：外文出版社，2022.

[39] 习近平 . 习近平著作选读：第 1 卷 [M]. 北京：人民出版社，2023.

[40] 习近平 . 习近平著作选读：第 2 卷 [M]. 北京：人民出版社，2023.

[41] 习近平 . 决胜全面建成小康社会 夺取新时代中国特色社会主义伟大胜利：在中国共产党第十九次全国代表大会上的报告 [M]. 北京：人民出版社，2017.

[42] 习近平 . 论党的宣传思想工作 [M]. 北京：中央文献出版社，2020.

[43] 习近平 . 中共中央关于党的百年奋斗重大成就和历史经验的决议 [M]. 北京：人民出版社，2021.

[44] 中共中央党史和文献研究院 . 习近平关于网络强国论述摘编 [M]. 北京：人民出版社，2021.

[45] 中共中央文献研究室 . 十四大以来重要文献选编：上 [M]. 北京：人民出版社，1996.

[46] 《中国共产党第十九届中央委员会第四次全体会议文件汇编》编写组 . 中国共产党第十九届中央委员会第四次全体会议文件汇编 [M]. 北京：人民出版社，2019.

[47] 《中国共产党第二十次全国代表大会文件汇编》编写组 . 中国共产党第二十次全国代表大会文件汇编 [M]. 北京：人民出版社，2022.

[48] 《思想政治教育学原理》编写组 . 思想政治教育学原理 [M].2 版 . 北京：高等教育出版社，2018.

[49] 山述兰 . 四川高校网络思政优秀工作案例 [M]. 成都：西南交通大学出版社，2021.

[50] 张苗苗 . 思想政治教育本质论 [M]. 北京：社会科学文献出版社，2019.

[51] 张耀灿，郑永廷，刘书林，等 . 现代思想政治教育学 [M]. 北京：人民出版社，2001.

[52] 张再兴 . 网络思想政治教育研究 [M]. 北京：经济科学出版社，2009.

[53] 郑永廷 . 思想政治教育方法论 [M].3 版 . 北京：高等教育出版社，2022.

[54] 巴赫金 . 巴赫金全集：第 4 ～ 5 卷 [M]. 钱中文，译 . 石家庄：河北教育出版社，

2009.

[55] 哈贝马斯. 交往行动理论：第 1 卷 行动的合理性和社会合理化 [M]. 洪佩郁，蔺青，译. 重庆：重庆出版社，1994.

[56] 夏征农，陈至立. 辞海：上 [M]. 上海：上海辞书出版社，1999.

[57] 海德格尔. 在通向语言的途中 [M]. 孙周兴，译. 北京：商务印书馆，1997.

[58] 夏征农，陈至立. 大辞海：文化 新闻出版卷 [M]. 上海：上海辞书出版社，2013.

[59] 波兹曼. 娱乐至死 [M]. 章艳，译. 桂林：广西师范大学出版社，2004.

[60] 费孝通. 乡土中国 [M]. 上海：上海人民出版社，2006.

[61] 尼葛洛庞帝. 数字化生存 [M]. 胡泳，范海燕，译. 海口：海南出版社，1996.

[62] 袁贵仁. 价值观的理论与实践：价值观若干问题的思考 [M]. 北京：北京师范大学出版社，2006.

[63] 赵启正. 公共外交与跨文化交流 [M]. 北京：中国人民大学出版社，2011.

[64] 敖永春，代金平，魏钢. 网络文化建设导向研究 [M]. 北京：人民出版社，2019.

[65] 蒋宏，徐剑. 新媒体导论 [M]. 上海：上海交通大学出版社，2006.

[66] 朱兆中. 当代中国价值追求：坚持马克思主义在意识形态领域指导地位的思考 [M]. 上海：上海人民出版社，2012.

[67] 曾子. 大学 [M]. 东篱子，译. 北京：北京时代华文书局，2014.

[68] 麦库姆斯. 议程设置：大众媒介与舆论 [M].2 版. 郭镇之，徐培喜，译. 北京：北京大学出版社，2008.

[69] 栾轶玫. 媒介形象学导论 [M]. 北京：中国人民大学出版社，2007.

[70] 德布雷. 媒介学引论 [M]. 北京：中国传媒大学出版社，2014.

[71] 陈力丹. 舆论学：舆论导向研究 [M]. 上海：上海交通大学出版社，2012.

[72] 何懿. 文学理论与批评实践 [M]. 合肥：安徽大学出版社，2012.

[73] 郭良. 网络创世纪：从阿帕网到互联网 [M]. 北京：中国人民大学出版社，1998.

[74] 巴兰. 大众传播概论：媒介素养与文化 [M].8 版. 何朝阳，译. 北京：中国人民大学出版社，2016.

[75] 李彪. 舆论学教程 [M]. 北京：中国人民大学出版社，2020.

二、期刊类

[1] 习近平.加快推动媒体融合发展 构建全媒体传播格局[J].求是，2019（6）：4-8.

[2] 习近平.努力成长为对党和人民忠诚可靠、堪当时代重任的栋梁之才[J].求是，2023（13）：4-13.

[3] 习近平.在党的十九届一中全会上的讲话[J].求是，2018（2）：4-9.

[4] 蔡路.数字赋能高校精准思政研究[J].学校党建与思想教育，2022（21）：67-70.

[5] 蔡诗敏.思想政治教育系统与过程主客体新论[J].学校党建与思想教育，2022（19）：30-33.

[6] 陈清.论人工智能融入高校思想政治教育的深层逻辑[J].江苏高教，2022（1）：114-120.

[7] 褚凤英.交往活动与主体际：思想政治教育者与教育对象关系新解[J].理论探讨，2008（1）：122-124.

[8] 崔建西，白显良.智能思政：思想政治教育创新发展的新形态[J].思想理论教育，2021（10）：83-88.

[9] 冯刚，龙波宇.大学生网络话语的文化分析[J].思想理论教育，2018（6）：79-83.

[10] 冯刚，史宏月.新时代高等学校思想政治教育质量评价科学化[J].教育研究，2021，42（10）：74-82.

[11] 冯刚，徐先艳.现代性视域中思想政治教育治理的生成逻辑、基本内涵及时代价值[J].教学与研究，2021（5）：85-95.

[12] 冯刚，严帅.新时代大学生思想政治教育工作质量评价的方法和路径[J].国家教育行政学院学报，2019（5）：46-53.

[13] 冯刚.大数据应用于思想政治教育的局限与突破[J].重庆大学学报（社会科学版），2021，27（2）：1-7.

[14] 冯刚.改革开放以来高校思想政治教育质量评价的回顾与思考[J].教学与研究，2018（3）：82-89.

[15] 冯刚.互联网思维与思想政治教育创新发展[J].学校党建与思想教育，2018（3）：4-8.

[16] 冯刚.思想政治教育数据分析的逻辑理路[J].河海大学学报(哲学社会科学版)，2023，25（1）：24-29.

[17] 冯连军，朱宝林.高校思政课教师的主体地位、现实困境和发展向度[J].学校党建与思想教育，2020（13）：40-43.

[18] 付安玲，肖朝霞.大数据时代高校思想政治理论课红色文化传承功能的实现[J].思想教育研究，2022（11）：131-136.

[19] 韩俊，金伟.数字技术融合下思想政治教育智能转型探赜[J].思想教育研究，2022（6）：32-37.

[20] 贾兆帅.数字青年：大数据时代思想政治教育客体新表征透视[J].西南大学学报（社会科学版），2023，49（3）：66-77.

[21] 李静，刘蕾.技术赋能的高等教育规模化教育与个性化培养：逻辑必然与实践机理[J].中国电化教育，2021（8）：55-62.

[22] 梁德友.思想政治教育主体三题：身份、属性及其角色强化[J].思想教育研究，2020（10）：42-47.

[23] 林伯海，周至涯.思想政治教育主体及其主体性的要素构成新探[J].思想教育研究，2011（2）：10-14.

[24] 刘嘉圣，刘晞平.大数据时代思想政治教育质量评价研究[J].学校党建与思想教育，2023（7）：23-26.

[25] 刘书林，高永.思想政治教育的对象及其主客体关系[J].思想理论教育导刊，2013（1）：97-99.

[26] 罗红杰.大数据赋能精准思政：运行机制与推进策略[J].中国远程教育，2023，43（8）：79-86.

[27] 罗红杰.大数据与思想政治教育深度融合：前提认知·结构革新·实践策略[J].思想教育研究，2021（12）：54-59.

[28] 骆郁廷，郭莉.精神交往：思想政治教育互动关系的本质[J].教学与研究，2014（1）：73-78.

[29] 布朗，肖俊洪.数字素养的挑战：从有限的技能到批判性思维方式的跨越[J].中国远程教育，2018（4）：42-53，79-80.

[30] 米华全.智能思政伦理风险的生成逻辑、表现形式及防控机制[J].中国电化教育，2023（2）：111-117.

[31] 聂小雄．思想政治教育数据分析的实践运用 [J].学校党建与思想教育，2022（23）：78-81．

[32] 阙玉叶．人工智能实现完全意向性何以可能？：人机融合智能：未来人工智能发展方向 [J].自然辩证法研究，2022，38（9）：55-61．

[33] 任志锋．人工智能的工艺学阐释及其与思想政治教育的深度融合 [J].马克思主义理论学科研究，2022，8（9）：90-98．

[34] 汤潮，赖致远．"数字思政"的内涵生成与实施路径 [J].思想理论教育，2022（10）：97-101．

[35] 唐登蕓，吴满意．新时代高校思想政治教育内化的价值、逻辑与改进 [J].思想教育研究，2018（8）：95-100．

[36] 涂良川，乔良．人工智能"高阶自动化"的主体可能性：兼论人工智能奇点论的存在论追问 [J].现代哲学，2021（6）：32-40．

[37] 王丽鸽．思想政治教育数字化发展的生成动因、态势特征与创变展望 [J].思想理论教育，2023（5）：20-25．

[38] 王莎．新时代高校思想政治教育评价的数字化变革 [J].思想理论教育，2021（12）：62-68．

[39] 王亚非．系统推进"精准思政"着力培育时代新人 [J].思想政治工作研究，2022（7）：12-14．

[40] 魏永强，郑大俊．工具理性和价值理性思想政治教育分析 [J].求实，2014（9）：79-85．

[41] 吴满意，景星维．精准思政：内涵生成与结构演化 [J].学术论坛，2019，42（5）：133-139．

[42] 吴晓如，刘邦奇，袁婷婷．新一代智慧课堂：概念、平台及体系架构 [J].中国电化教育，2019（3）：81-88．

[43] 武东生．马克思主义理论关于思想政治教育本质的基本观念 [J].教学与研究，2014（2）：70-75．

[44] 项久雨．论思想政治教育的价值理性 [J].武汉大学学报（哲学社会科学版），2014，67（6）：53-58．

[45] 辛继湘，李瑞．人是技术的尺度：智能教学中人的主体性危机与化解 [J].中国电化教育，2023（7）：23-28，42．

[46] 徐江虹.规训赋能高校学风建设探究[J].学校党建与思想教育,2022(21):78-81.

[47] 徐稳,葛世林.数字化技术赋能思想政治教育的三维探析[J].思想教育研究,2013(3):45-51.

[48] 闫坤如.数据主义的哲学反思[J].马克思主义与现实,2021(4):188-193.

[49] 闫艳.论思政主体间性的内涵及其确立的意义[J].学校党建与思想政治教育,2007(10):25-27,48.

[50] 严兆星,薛晓源.元宇宙:时间观念的革命[J].人民论坛·学术前沿,2022(6):105-108.

[51] 余斌.论思想政治教育的主体和客体[J].思想政治教育研究,2020,36(1):53-56.

[52] 喻国明,焦建,张鑫."平台型媒体"的缘起、理论与操作关键[J].中国人民大学学报,2015,29(6):120-127.

[53] 袁芳.数字经济背景下精准思政的特点、动因和发展策略[J].思想理论教育,2020(12):102-106.

[54] 佘双好.习近平关于高校思想政治工作重要论述的发展过程及基本观点探析[J].思想政治教育研究,2020,36(2):7-12.

[55] 冯春海.从"话语权"到"话语力":全媒体语境下"政府传播能力建设"路径探寻[J].新闻爱好者,2019(7):46-50.

[56] 陈先红.中华文化的格局与气度:讲好中国故事的元话语体系建构[J].人民论坛,2021(31):31-35.

[57] 房欣.以偶像为中介:主流意识形态对粉丝文化的"嵌入"路径研究[J].东南传播,2021(3):1-3.

[58] 侯仕军.社会嵌入概念与结构的整合性解析[J].江苏社会科学,2011(2):86-94.

[59] 刘涛.社会化媒体与空间的社会化生产:福柯"空间规训思想"的当代阐释[J].国际新闻界,2014,36(5):48-63.

[60] 周建青,李俊韬.多维逻辑视域下网络空间社群经济的话语关系[J].华南理工大学学报(社会科学版),2021,23(4):122-130.

[61] 郝良华,许晓.网络场域主流意识形态话语权的理性审视[J].理论学刊,2021

（6）：130-139.

[62] 李全生.布迪厄场域理论简析[J].烟台大学学报（哲学社会科学版），2002（2）：146-150.

[63] 吕小亮."00后"大学生思想行为特质及其培养对策[J].当代青年研究，2019（3）：46-50，32.

[64] 骆郁廷，付玉璋.论高校网络育人协同机制构建的时代价值[J].思想政治教育研究，2018，34（4）：128-134.

[65] 匡文波.新媒体"概念辨析[J].国际新闻界，2008（6）：66-69.

[66] 熊澄宇.新媒体与移动通讯[J].广告大观（媒介版），2006（5）：31-33.

[67] 熊澄宇，廖毅文.新媒体：伊拉克战争中的达摩克利斯之剑[J].中国记者，2003（5）：56-57.

[68] 张丽丝.新时代党的宣传工作中议题设置的逻辑进路[J].四川师范大学学报，2023，50（2）：19-26.

[69] 罗永宽，李燕.微时代的议题设置与高校意识形态话语权的提升[J].云梦学刊，2017，38（4）：1-4.

[70] 祝大勇.网络话语的三个层次及其对思想政治教育的启示[J].思想理论教育，2016（7）：72-77.

[71] 时影，舒刚.数字化时代高校网络思政育人的价值生成与实践路径：基于主体间性视角的考察[J].国家教育行政学院学报，2022（9）：69-75，95.

[72] 张再兴.我国高校网络思想教育的十年历程与发展[J].思想教育研究，2005（7）：2-6.

[73] 马静音，曹银忠.高校网络舆论场主导权建设研究[J].学校党建与思想教育，2022（4）：78-81.

[74] 丁柏铨.略论舆情：兼及它与舆论、新闻的关系[J].新闻记者，2007（6）：8-11.

[75] 刘毅.略论网络舆情的概念、特点、表达与传播[J].理论界，2007（1）：11-12.

[76] 陈龙，李超.网络社会的"新部落"：后亚文化圈层研究[J].传媒观察，2021（6）：5-12.

[77] 王倩.电视问政：话语权势的博弈与平衡[J].青年记者，2018（20）：64-65.

三、报纸类

[1] 习近平.青年要自觉践行社会主义核心价值观：在北京大学师生座谈会上的讲话 [N].人民日报,2018-05-03（2）.

[2] 习近平.在第二届世界互联网大会开幕式上的讲话 [N].人民日报，2015-12-17（2）.

[3] 习近平.在网络安全和信息化工作座谈会上的讲话 [N].人民日报，2016-04-26（2）.

[4] 习近平.加快建设教育强国 为中华民族伟大复兴提供有力支撑 [N].人民日报，2023-05-30（1）.

[5] 许子威.思政教育需要有担当、有思考的新时代青年加入 [N].中国青年报，2023-07-19（9）.

[6] 习近平.把思想政治工作贯穿教育教学全过程 开创我国高等教育事业发展新局面 [N].人民日报，2016-12-09（1）.

[7] 习近平.胸怀大局把握大势着眼大事 努力把宣传思想工作做得更好 [N].人民日报，2013-08-21（1）.

[8] 习近平.审时度势精心谋划超前布局力争主动 实施国家大数据战略加快建设数字中国 [N].人民日报，2017-12-10（1）.

[9] 习近平.把改善供给侧结构作为主攻方向 推动经济朝着更高质量方向发展 [N].人民日报，2017-01-23（1）.

[10] 习近平.把握数字经济发展趋势和规律 推动我国数字经济健康发展 [N].人民日报，2021-10-20（1）.

[11] 习近平.在中国科学院第十九次院士大会、中国工程院第十四次院士大会上的讲话 [N].人民日报，2018-05-29（2）.

[12] 习近平.坚持党的领导传承红色基因扎根中国大地 走出一条建设中国特色世界一流大学新路 [N].人民日报，2022-04-26（1）.

[13] 习近平.总体布局统筹各方创新发展努力把我国建设成为网络强国 [N].人民日报，2014-02-28（1）.

[14] 中共中央，国务院.中共中央国务院印发《关于加强和改进新形势下高校思想政治工作的意见》[N].人民日报，2017-02-28（1）.

[15] 中共中央，国务院．中共中央国务院印发《关于新时代加强和改进思想政治工作的意见》[N]．人民日报，2021-07-13（1）．

[16] 中共中央，国务院．中共中央国务院印发《数字中国建设整体布局规划》[N]．人民日报，2023-02-28（1）．

[17] 中共中央，国务院．中共中央国务院印发《中国教育现代化2035》[N]．人民日报，2019-02-24（1）．

[18] 吴凡．让数字化激活思政教育新生态 [N]．光明日报，2023-04-13（2）．

[19] 吴满意，叶本乾．系统性互联：大数据时代思想政治教育创新发展之基 [N]．中国社会科学报，2020-09-02（10）．

[20] 刘宏伟，郭东奇．思政课教师网络育人能力提升的四重路径 [N]．中国青年报，2023-08-29（10）．

[21] 杜尚泽．"'大思政课'我们要善用之"（微镜头·习近平总书记两会"下团组"·两会现场观察）[N]．人民日报，2021-03-07（1）．

[22] 习近平．更好担负起新的文化使命 为强国建设民族复兴注入强大精神力量 [N]．人民日报，2023-06-08（1）．

[23] 习近平．坚持立德树人思想引领 加强改进高校党建工作 [N]．人民日报，2014-12-30（1）．

[24] 习近平．坚定信心埋头苦干奋勇争先 谱写新时代中原更加出彩的绚丽篇章 [N]．人民日报，2019-09-19（1）．

四、电子文献类

[1] 新华社．习近平致信祝贺首届数字中国建设峰会开幕 [EB/OL]．（2018-04-22）[2023-09-20].https://www.gov.cn/xinwen/2018-04/22/content_5284935.htm.

[2] 新华社．习近平主持中共中央政治局第二次集体学习并发表重要讲话 [EB/OL]．（2023-02-01）[2023-09-20].https://www.gov.cn/xinwen/2023-02/01/content_5739555.htm.

[3] 新华社．习近平主持中央政治局第五次集体学习并发表重要讲话 [EB/OL].(2023-05-29)[2023-09-20].https://www.gov.cn/yaowen/liebiao/202305/content_6883632.htm?device=app&wd=&eqid.

[4] 中共中央，国务院．中共中央 国务院关于全面加强新时代大中小学劳动教育

的意见 [EB/OL].（2020–03–26）[2023–09–20].https://www.gov.cn/zheng ce/2020–03/26/content_5495977.htm.

[5]　中共中央，国务院.中共中央 国务院印发《中国教育现代化 2035》[EB/OL].（2019–02–23）[2023–09–20].https://www.gov.cn/zhengce/2019–02/23/content_5367987.htm.

[6]　中共中央办公厅，国务院办公厅.中共中央办公厅 国务院办公厅印发《关于深化新时代学校思想政治理论课改革创新的若干意见》[EB/OL].（2019–08–14）[2023–09–20].https://www.gov.cn/zhengce/2019–08/14/content_5421252.htm.

[7]　中共教育部党组.中共教育部党组关于印发《高校思想政治工作质量提升工程实施纲要》的通知 [EB/OL].（2017–12–05）[2023–09–20].http://www.moe.gov.cn/srcsite/A12/s7060/201712/t20171206_320698.html.

[8]　中华人民共和国教育部.教育部 2022 年工作要点 [EB/OL].（2022–02–08）[2023–09–20].http://www.moe.gov.cn/jyb_xwfb/gzdt_gzdt/202202/t20220208_597666.html.

[9]　教育部等八部门.教育部等八部门关于加快构建高校思想政治工作体系的意见 [EB/OL].（2020–04–28）[2023–09–20].http://www.moe.gov.cn/srcsite/A12/moe_1407/s253/202005/t20200511_452697.html?isappinstall_ed=0.

[10]　教育部等六部门.教育部等六部门关于推进教育新型基础设施建设构建高质量教育支撑体系的指导意见 [EB/OL].（2021–07–08）[2023–09–20].http://www.moe.gov.cn/srcsite/A16/s3342/202107/t20210720_545783.html.

[11]　教育部等十部门.教育部等十部门关于印发《全面推进"大思政课"建设的工作方案的通知》[EB/OL].（2022–07–25）[2023–09–20].https://www.gov.cn/zhengce/zhengceku/2022–08/24/content_5706623.htm.

[12]　教育部等五部门.教育部等五部门关于印发《普通高等教育学科专业设置调整优化改革方案的通知 [EB/OL].（2023–02–21）[2023–09–20].http://www.moe.gov.cn/srcsite/A08/s7056/202304/t20230404_1054230.html.

[13]　中华人民共和国教育部.教育部关于印发《新时代高校思想政治理论课教学工作基本要求》的通知 [EB/OL].（2018–04–12）[2023–09–20].http://www.moe.gov.cn/srcsite/A13/moe_772/201804/t20180424_334099.html.

[14]　教育部思想政治工作司.教育部思想政治工作司 2023 年工作要点 [EB/

OL].（2023-02-22）[2023-09-20].http://www.moe.gov.cn/s78/A12/gongzuo/yaodian/202302/t20230221_1046541.html?eqid=d1082d0d001e2a3c000000066427dc03.

[15] 中国互联网络信息中心.第 51 次《中国互联网络发展状况统计报告》[EB/OL].（2023-03-02）[2023-09-20].https://cnnic.cn/n4/2023/0302/c199-10755.html.

[16] 中华人民共和国教育部.关于全面深化课程改革落实立德树人根本任务的意见 [EB/OL].（2014-04-08）[2023-09-20].http://www.moe.gov.cn/srcsite/A26/jcj_kcjcgh/201404/t20140408_167226.html.

[17] 中华人民共和国教育部.教育部关于印发《高等学校辅导员职业能力标准（暂行）》的通知 [EB/OL].（2014-03-27）[2023-09-20].http://www.moe.gov.cn/srcsite/A12/s7060/201403/t20140327_167113.html.

[18] 中共中央办公厅，国务院办公厅.中办国办印发《关于进一步加强和改进新形势下高校宣传思想工作的意见 [EB/OL].（2015-01-20）[2023-09-20].http://www.moe.gov.cn/jyb_xwfb/s5147/201501/t20150120_183166.html.

[19] 中华人民共和国教育部.普通高等学校辅导员队伍建设规定 [EB/OL].（2017-09-21）[2023-09-20].http://www.moe.gov.cn/srcsite/A02/s5911/moe_621/201709/t20170929_315781.html.

[20] 新华社.国家主席习近平发表二〇一九年新年贺词 [EB/OL].（2018-12-31）[2023-09-20].http://www.xinhuanet.com/politics/leaders/2018-12-31/c_1123931807.htm.

五、学位论文类

[1] 王超.新中国语文课程话语流变研究 [D].长沙：湖南师范大学，2018.

[2] 卢成观.习近平关于网络文化建设重要论述研究 [D].贵阳：贵州师范大学，2022.

[3] 郭军.互联网时代我国主流意识形态话语权建设研究 [D].北京：中央财经大学，2021.

[4] 杜敏.思想政治教育话语权研究 [D].兰州：兰州大学，2018.

后记

党的十八大以来，党和国家更加重视新时代高校网络思想政治教育工作体系构建，将其作为培养新时代高素质人才的重要内容，并强调要抓牢主流意识形态，加快构建高校网络思想政治教育话语体系，实施新时代人才强国战略，不仅能有效增强高校思想政治教育的实效性，提升其话语权，还有利于筑牢高校网络意识形态安全防线。

党的二十大报告明确指出，要"完善思想政治工作体系，推进大中小学思想政治教育一体化建设""建设具有强大凝聚力和引领力的社会主义意识形态"。高校是意识形态工作的主阵地，应时刻把培养青年学生正确的价值观、掌握话语权作为重要任务。

本书的撰写除了参考经典著作，还参考了相关专家学者的研究成果，很多地方直接引用了相关材料，在此对原作者表示衷心感谢！西华大学陈彧、龚翠艳、陈柄志、杨恒、王舒、周小雅等教师参与部分章节撰写和编辑、统稿等工作，西华大学马克思主义学院邓鑫昌、苏晓霞、丁奕丹、杨智、刘佳等硕士研究生参与了文献整理等工作，在此一并致谢。

高校网络思想政治教育话语体系研究，是结合新时代国情、高校校情与网络媒体变化的现状，立足新时代高校网络思想政治教育主要矛盾，探索了提升网络思想政治教育话语体系构建的路径。虽然在写作过程中，已认真查阅相关资料，反复思索，仔细论证推敲，但由于时间仓促，篇幅有限，这些论证仍有待加强和不断深化，一些观点尚待进一步探讨，也真诚地希望广大读者批评指正。

作　者

2023 年 9 月